Steffen Kottke

Früher war alles besser?

Herstellung und Verlag:
BoD - Books on Demand, Norderstedt
ISBN: 978-3-7431-7566-2

Teil I

Als sich Papa vor Mama so tief verbeugte, dass sein Kopf beinahe mit der Tischplatte kollidierte, nahm das Unheil seinen Lauf. Mama war fasziniert von Papas Erscheinung. Und nachdem beide das Parkett im Bierkeller mit einigen Lipsi-Tänzen zum Beben gebracht hatten, war es um Mama geschehen. Sie verliebte sich in Papa, Papa verliebte sich in Mama – aber an mich war noch nicht zu denken.

Einige Wochen nachdem sich meine Eltern kennengelernt hatten, wurde Deutschland mit einem antifaschistischen Schutzwall geteilt. Mama und Papa waren froh, im selben Teil Deutschlands, der DDR hieß, zu leben. Dabei wäre es fast anders gekommen. Zwei Tanten Mamas waren kurz nach dem Krieg in den Westen gegangen und hatten ihr neues Zuhause in Hameln gefunden. In den 50er-Jahren war es noch relativ leicht, problemlos in die westlichen Sektoren zu fahren – und so war Mama eines Tages vor die Wahl gestellt, in Niedersachsen zu bleiben oder tatkräftig am Aufbau des Sozialismus mitzuwirken. Mamas Mama legte ein Veto ein, und so blieb Mamas Heimat die Altmark – im Arbeiter- und Bauernparadies.

Obwohl Papa Maurer war, beteiligte er sich im Sommer 1961 nicht an den umfangreichen Baumaßnahmen an der Sektorengrenze in der Hauptstadt unserer Republik. Die frisch Verliebten genossen ihre Tage in der Provinz, wo sich Papa am Bau des „Hotels Stadt Stendal" einbrachte, während Mama hin und wieder Ausschau hielt, ob sich nicht ein Millionärssohn in die altmärkische Idylle verirrte. Weil aber Millionärssöhne ein

Erbe des Imperialismus und Militarismus waren, blieb Mamas Suche erfolglos. Denn vor Gott, vor Gericht und im Sozialismus waren alle Menschen gleich. Einige allerdings gleicher.

Fast fünf Jahre gingen Mama und Papa miteinander, ehe in der Ferne die ersten zarten Töne der Hochzeitsglocken zu hören waren. Zwar war Papas Mama von der Wahl ihres Sohnes nicht gerade begeistert, aber Mamas Mama und Mamas Papa hatten ihren Schwiegersohn in spe in ihr Herz geschlossen. Anfang April 1966 gaben sich Mama und Papa im Stendaler Standesamt das Ja-Wort. Für Papa war es schon das zweite Mal, dass er einer Frau die ewige Treue geschworen hatte, versprach, sie zu lieben und zu ehren, bis dass der Tod sie scheide. Der Familienlegende nach nickte Mama nur, als die Standesbeamtin die entscheidende Frage stellte. Mama war so gerührt, dass ein so stattlicher Mann sie in den Stand der Ehe führen wollte, dass sie kein Wort hervorbrachte.

Schon bald nach der Hochzeit ging es an die Familienplanung. Aber so sehr sich Papa auch abmühte – Mama wurde einfach nicht schwanger. Nachdem es die beiden immer wieder versucht hatten, erbarmte sich Mutter Natur schließlich. Mama bemerkte, dass in ihr etwas heranwuchs, während sich Papa wunderte, dass Mamas Bauch immer kugelrunder wurde. Nach einem Besuch beim Frauenarzt hatten es Mama und Papa schwarz auf weiß: Sie sollten Eltern werden.

In den nächsten neun Monaten entwickelte sich in Mamas Bauch ein prächtiges Bürschchen. Allerdings ließ es sich viel Zeit, um die Welt mit seiner Anwesenheit zu beglücken. Der errechnete Geburtstermin war der 11. Juni, doch erst acht Tage später setzten bei Mama die Wehen ein. Ich ahnte wohl, in welche Welt ich hineingeboren werden sollte, und ließ mir noch mehr Zeit. Außerdem war es in Mamas Bauch unheimlich warm und kuschelig.

Ich wurde an einem Mittwoch geboren. Zwei Tage lang hatte ich mich nach Leibeskräften gesträubt, doch jetzt gab es kein Halten mehr. Zwei riesige Hände packten mich, zogen an mir, zerrten an mir – und Stendal hatte einen Einwohner mehr. Mama war von den Strapazen erledigt, und ich hatte mich wohl auch verausgabt. Nachdem ich zum ersten Mal in meinem noch so jungen Leben eins auf den Hintern bekommen hatte, fing ich fürchterlich an zu schreien.

Mama bekam ich überhaupt nicht zu Gesicht. Weil ich so lange brauchte, Mamas Bauch zu verlassen, diagnostizierten die Götter in Weiß einen Verdacht auf Gehirnbluten. Und so verbrachte ich die nächsten zwei Wochen im Universitätsklinikum in Magdeburg. Der Verdacht hatte sich zum Glück nicht bestätigt, sodass ich endlich in Mamas und Papas Augen blicken konnte. Papa war mächtig stolz auf das, was ihm gelungen war. Und Mama war die schönste Mama der Welt. In der Familie war ich der Mittelpunkt, um den sich alles drehte.

Dabei klopfte Gevatter Tod mehr als einmal an meine Tür, noch bevor ich ein Jahr alt war. So, als meiner Tante – sie war damals 15 – der Kinderwagen entglitt, und ich das erste Mal schmerzhafte Bekanntschaft mit dem Straßenpflaster schloss. Natürlich hatte meine Tante den Vorfall verschwiegen. Heraus kam er, als eine Bekannte sich bei Mamas Mama erkundigte, ob denn ihr Enkel noch lebe. Danach hat mich meine Tante nie wieder ausgefahren.

Auch den zweiten Besuch des Sensenmannes überstand ich unbeschadet. Mama war kurz beim Fleischer und hatte vergessen, die Handbremse des Kinderwagens anzuziehen. Die Schwerkraft tat ihr übriges, und ich rollte mitsamt meines Gefährts auf eine mehr oder weniger belebte Straße. Die wenigen Autofahrer, die um diese Zeit unterwegs waren, reagierten blitzschnell, sodass weder ich, noch mein Gefährt einen Schaden davon getragen haben. Über den Wert dieser Aussage lässt sich fast fünf Jahrzehnte später streiten.

Hatte ich mir bei meiner Geburt schon so viel Zeit gelasssen, fand Laufen in den ersten beiden Jahren überhaupt nicht statt. Es war viel bequemer, sich durch die Welt schieben zu lassen. Viel lieber verbrachte ich die Zeit in meinem Laufgitter, das ich durch die ganze Wohnung schieben konnte, und damit vortrefflich an sämtliche Schränke herankam. Einmal hatte ich sogar einen Kleiderschrank ausgeräumt. Als Mama die Bescherung sah, gab es gehörig eins auf die Finger, sodass ich Schränke jeglicher Art sofort zu meiner persönlichen Tabuzone erklärte.

Als ich zwei Jahre alt war, konnte ich mich einigermaßen auf den Beinen halten. Ade, du schöne Welt des Chauffierens. Wo immer Mama hinging, ich trottete neben ihr. Oft statteten wir Oma und Opa, die in der Jenny-Marx-Straße wohnten, einen Besuch ab. Auch wenn ich jetzt nicht mehr der einzige Enkel war – im September 1968 erblickte meine Cousine Doreen das Licht der Welt – war ich doch der bisher einzige männliche

Spross, der die Nachkommenschaft der Familie zu sichern hatte.

Mit Doreen verstand ich mich prächtig, auch wenn uns etwas mehr als ein Jahr und zwei Monate trennten. Als Doreen zu sprechen begann, nannte sie mich Feffen – und ich sie Heegen. Wir waren wie Pech und Schwefel. Aber als Heegen zwei Jahre alt war und eine kleine Schwester Livia bekam, war Schluss mit lustig. Heegen zog mit Livia und Tante Edelgard, ihrer Mama, zum neuen Mann nach Leipzig. Onkel Kurt war Physiker in der Messestadt. Und meine erste Sandkastenfreundschaft fast eine halbe Tagesreise entfernt.

Mama ging mit mir so oft wie möglich spazieren, zur Oma oder auf den Spielplatz. Ich hatte Sandkuchenformen in allen Farben und Variationen. Während es sich Mama auf der Bank bequem machte, nahm ich mein Spielzeug, setzte mich in irgendeine Ecke und bereitete mich auf das Leben vor. Spielzeug hatte ich schließlich genug – ein Feuerwehrauto, ein Polizeiauto, Cowboys, Indianer und eben die Sandkuchenformen. Kam ein Gleichaltriger hinzu, um mein Treiben zu beobachten, oder sich mit mir anzufreunden, packte ich meine Sachen zusammen und holte sie in einer anderen Ecke des Spielplatzes wieder heraus. In der Hoffnung, der neugierige Fremde würde das Zeichen verstanden haben. Mama sagte immer, ich sei ein Einzelgänger.

In der Zwischenzeit waren Mama, Papa und ich in die Mühlenstraße gezogen. Als ich ungefähr vier Jahre alt war, und sicheren Schrittes die Welt erkundete, überraschten mich meine Eltern mit einen Holzroller. Weil ich aber mit der

Straßenverkehrsordnung noch nicht vertraut war, wurde nur auf dem Hof gefahren. Der Holzroller hatte sogar einen Spielzeugblinker, der als Pfeil an der Front angebracht war. Wollte ich rechts am Schuppen vorbei, signalisierte ich das natürlich vorschriftsmäßig, um nicht etwa mit der dicken Frau, die über uns wohnte, zusammenzustoßen.

Nachdem das Holzrollerfahren allmählich langweilig wurde, und ich mich wieder verstärkt dem Fußmarsch widmete, stand Papa eines Tages mit einem nagelneuen Luftroller in der Tür. Das war der Porsche unter den Rollern: Gummireifen, alle Teile aus Metall, einen kleinen Sitz und knallrot wie ein Feuerwehrauto. Nach einer kleinen Proberunde auf dem Hof musste ich natürlich meinem Freund, dem Nachbarsjungen Dirk Lück, von meinem nagelneuen Fahrzeug berichten. Obwohl genau so alt wie ich, befand er sich noch immer im Holzroller-Stadium. Dirk hatte ja noch mehrere Geschwister, die auch ihr Recht verlangten – und so war bei den Lücks an einen Luftroller vorerst nicht zu denken. Da hatte ich es als Einzelkind doch bedeutend leichter. Ich musste nur einen Wunsch andeuten, und Papa und Mama beglückten mich in den nächsten Tagen mit dem neuen Spielzeug.

Mit den Vorzügen eines Einzelkindes war es aber bald vorbei. Mama und Papa hatten für Familiennachwuchs gesorgt. 1973, ich war noch keine sechs Jahre alt, bekam ich eine kleine Schwester. Mandy verbrachte die ersten zwölf Monate ihres Lebens überwiegend im Krankenhaus. Immer wieder hatte sich das kränkliche Mädchen irgendeine Infektion eingefangen, sodass ich meine Schwester nicht so oft zu Gesicht bekam, wie sich das ein großer Bruder wünscht. Als der Arzt Mama sagte, dass dies überstanden sein werde, sobald das Kind ein Jahr alt ist, war Mama erst einmal beruhigt. Und tatsächlich: Kaum hatten wir Mandys ersten Geburtstag gefeiert, strotzte meine Schwester vor Gesundheit. Mama hat gesagt, Dr. Langer, der behandelnde Arzt im Krankenhaus Gardelegen, sei ein weiser Mann. Ganz im Gegensatz zu jenem, bei dem sie als Dreikäsehoch in Behandlung war. Der hatte Mamas Mama nämlich prophezeit, dass ihre Tochter nicht älter als 20 Jahre würde. Das war natürlich niederschmetternd für Oma, die die älteste ihrer drei Töchter behütete und beschützte, so gut es eine Mutter kann. Und Opa nahm jeden Mann, der Interesse an Mama zeigte, genau unter die Lupe. Mit Papa als Wahl ihrer Tochter waren Oma und Opa sofort einverstanden. Papa war arbeitsam, ehrlich, kam aus der Arbeiterklasse – und er trug Mama auf Händen. Jedenfalls früher.

Die Wochen und Monate gingen ins Land, ich verlebte eine glückliche Zeit mit meinem Luftroller, als Mama mir eines Tages offenbarte, dass ich bald ein Schulkind sein würde. Weil ich aber nicht im Kindergarten war, musste ich in die Vorschule. Vorschultag war immer montags. Mama brachte mich dann für ein paar Stunden in die Comeniusschule, ging derweil zu ihrer Mama, die ja gleich nebenan wohnte, und holte mich nach Schulschluss wieder ab. Ich war jedesmal ganz stolz, wieder etwas gelernt, den Unterricht nicht gestört und mein Malbuch mit weiteren Kunstwerken vervollständigt zu haben. Gut ein Jahr lang besuchte ich den Vorbereitungskurs, bevor es im September 1974 ernst wurde.

Meine Schultüte durfte ich mir selbst aussuchen. Im

Schaufenster des Schreibwarengeschäfts der Firma Ulrich am Markt strahlte mich dieses hässliche Utensil an, auf dessen blauem Untergrund die Buchstaben ABC in goldener Schrift angebracht waren, und das mit einem Goldrand verziert war. Ich konnte bereits lesen, schreiben und rechnen – und wollte dies natürlich der Kinderwelt kundtun. Mama respektierte meinen Wunsch – und ich durfte meine Aufschneider-Schultüte stolz nach Hause tragen.

Den ersten Schultag konnte ich kaum erwarten. Mit Mamas Mama, Mama und Papa machte ich mich auf dem Weg zur Comeniusschule. Meine Lehrerin hieß Frau Lodahl, eine sehr fähige Pädagogin. In den beiden Stunden, die meine Mitschüler und ich mit unserer Lehrerin zubrachten, erklärte uns Frau Lodahl die Fibel, das Mathebuch, wozu wir Hefte brauchen und was in die Federtasche gehört. „Ordnung ist das halbe Leben", sagte Mama immer – und Frau Lodahl machte uns deutlich, dass ebenso der Inhalt unserer Schulranzen auszusehen habe. Zum Schluss mussten wir alles wieder in den Ranzen verstauen – doch oh Schreck – ich bekam meine Schultasche nicht mehr zu. Niemand half mir, ich begann zu weinen und nachdem ich noch einmal alles ausgepackt hatte, verstaute ich meine Bücher und Hefte so gut, dass sich die Schultasche nun bequem schließen ließ.

Am darauffolgenden Montag begann endlich der Schulalltag. Ich ging in die Klasse 1b – und langweilte mich zu Tode. Was sollte ich hier? Ich konnte doch schon lesen und rechnen. Trotzdem saß ich kerzengerade auf meinem Stuhl, die Arme übereinander gelegt und bewegte mich keinen Millimeter. Das hielt ich einige Monate durch, was mir im Fach „Betragen" auch eine eins auf dem Zeugnis einbrachte. Auch in Mathe erhielt ich ein sehr gut – nur Ordnung und Deutsch zählten nicht zu meinen Stärken. In Deutsch war es einfach Unterforderung, während Ordnung zwar das halbe Leben ist, aber in meinem Dasein eine eher untergeordnete Rolle spielte. Dass ich später in der Oberstufe in Biologie eher bescheiden abschnitt, hatte seine Wurzeln wahrscheinlich im Schulgartenunterricht. Ich konnte der Botanik einfach nichts abgewinnen, mal abgesehen davon, dass wir das Obst und Gemüse, das wir mehr oder weniger liebevoll anpflanzten, nie essen durften. Nicht in der Schulkantine, nicht während des Unterrichts und schon gar nicht in unserer Freizeit. Für das Lehrerkollegium war unserer Arbeit Lohn eine willkommene Abwechslung auf dem Speisezettel. Der Schulgarten befand sich übrigens auf dem Areal, neben dem später die Schwimmhalle gebaut werden sollte. Aber Mitte der 70er-Jahre war das noch völlige Utopie.

Teil II

In der ersten Klasse war es, dass ich das erste Mal mit einem Spiel in Berührung kam, das sich Schach nannte. Während Mama diesem Figurenschieben nichts abgewinnen konnte, und auch die Regeln nicht beherrschte, war mir Papa in der Anfangszeit haushoch überlegen. Es gab keine Partie, in der er mich nicht matt setzte, zumal Aufgeben – wie auch der Damentausch – früher verpönt waren. Obwohl ich so schlecht spielte, gab es einen, der noch schlechter war als ich: mein Klassenkamerad Markus. Eines Tages hatten wir mitbekommen, dass im Pionierhaus die Kreis-, Kinder- und Jugendspartakiade stattfinden sollte. Wer dreimal gewonnen hatte, durfte sich über eine Medaille freuen. Ich gewann einmal – gegen Markus. In den anderer Partien sah ich kein Land, und als mich meine Gegner matt setzten, musste ich erst einmal einige Minuten lang überprüfen, ob es wirklich keinen Ausweg mehr gab für meinen von feindlichen Figuren umzingelten Monarchen. Ich hätte natürlich dreimal gegen Markus spielen können, aber zu meinem Leidwesen wurden die Runden jedesmal neu ausgelost. So blieb ich bei meinem Premierenauftritt in der Schach-Öffentlichkeit ohne Edelmetall. Letzter wurde ich aber nicht. Den Platz hatte sich Markus erkämpft.

Nach diesem Misserfolg hängte ich Brett und Figuren erst einmal an den sprichwörtlichen Nagel. Ich ließ mich nur noch für den Hausgebrauch zu einer Partie hinreißen. Entweder gegen Papa oder gegen den einen oder anderen Kollegen Papas, gegen die ich aber meist gewann.
Schon bevor ich eingeschult wurde, waren wir von der

Mühlenstraße in die Stavenstraße gezogen. Eine größere Wohnung war notwendig, denn meine kleine Schwester brauchte auch ihren Platz. Wir wohnten im Obergeschoss, während das Erdgeschoss die Familie Wolkenhaar, die zugleich Eigentümer der Immobilie war, beherbergte. Nicht nur, dass Mama einmal im Monat Frau Wolkenhaar Geld gab – wofür, konnte ich mir damals noch nicht erklären – die Vermieter besaßen auch ein Telefon. Ein schwarzer klobiger Kasten mit Wählscheibe. Damals ein Wunderwerk der Technik. Zumindest für einen Dreikäsehoch, der zwar problemlos zwei einstellige Zahlen addieren konnte, aber im Alphabet erst bei B angekommen war.

Familie Wolkenhaar hatte zwei Söhne. Andreas war etwa zwei Jahre älter als ich, Kai sechs oder sieben Jahre. Mit den beiden, die auch in die Comeniusschule gingen, wie auch mit Christian, der ein paar Häuser weiter wohnte, verbrachte ich die erlebnisreichsten Jahre meiner frühen Kindheit. Meist zog es uns in den angrenzenden August-Bebel-Park, wo wir herumtollten, dem runden Leder nachjagten – obwohl wir meist nur eine Gummipflaume zur Verfügung hatten, weil Lederbälle unheimlich teuer waren – oder uns auf dem Spielplatz die Anerkennung der anderen verdienten, weil wir so unheimlich mutig waren. Das imponierte natürlich auch den Mädchen, die in unserer Straße wohnten: Heike, Simone und Katrin, mit denen wir auch Verstecken und Fangen gespielt haben, aber sonst noch nichts anzufangen wussten. Wenn unsere Mädchen Stubenarrest hatten, oder für die Schule lernen mussten, waren wir Jungs unter uns.

Seitdem wir in die Stavenstraße gezogen waren, hatte ich viele neue Menschen kennengelernt. Und fast täglich kamen weitere hinzu. Einer meiner Freunde war Bernd, ein kleiner untersetzter rothaariger Junge in meinem Alter, der im angrenzenden Haus in der Johann-Sebastian-Bach-Straße wohnte. Bernd hatte – ebenso wie ich – nur Unfug im Sinn. Als Papa auf dem Grundstück, das wir mitbenutzen durften, einen Schuppen baute, und ich ihm dabei bewunderungsvoll zusah, fragte ich Bernd einfach, ob wir Freunde werden wollen. Natürlich willigte er ein. Und von diesem Tag an gehörte er zu uns – der unheimlichen August-Bebel-Park-Clique. Der Zusammenhalt in der Clique war allerdings nicht so sehr ausgeprägt, als dass wir den ganzen Tag lang aufeinander gehockt hätten. Wir wollten ja keine Heldentaten zu Ehren des 25. Jahrestages unserer Republik verbringen, sondern hatten die Innenstadt zu unserem Revier erklärt. Der Sperlingsberg, die Breite Straße, die Stavenstraße, die Johann-Sebastian-Bach-Straße, und manchmal auch die Vogelstraße, waren die bevorzugten Plätze unserer Kindheit.

Andreas und Kai hatten schon das eine oder andere Auge auf dieses oder jenes Mädchen geworfen, während ich das schöne Geschlecht noch immer „Bäh!" fand. Natürlich konnte man mit Mädchen auch spielen, besonders fangen, weil man als Junge meist schneller war, auf der Schiene einer jungen Liebe spielte sich (noch) nichts ab. Das heißt: Mit einem Mädchen, das auch in der Stavenstraße wohnte, hatte ich mich mal verlobt. Ich wusste damals zwar noch nicht, was das bedeutet, aber mit zunehmendem Alter und einige Umzüge später verloren wir uns aus den Augen, sodass ich mein Eheversprechen, das ich in der zweiten Klasse abgegeben hatte, nie einlösen konnte.

Nach den Winterferien 1976 war Mama zum Schuldirektor geladen worden. In der Comeniusschule wurden nämlich ab der dritten Klasse sogenannte „r-Klassen" installiert, in denen die leistungsstärksten Schüler aus den drei zweiten Klassen konzentriert werden sollten. Obwohl mein Zeugnis nicht besonders ausfiel, hatte der Lehrkörper wohl mein Potenzial erkannt, und hoffte, die mehr und mehr sichtbaren Symptome der aufkommenden Krankheit Faulenzius in den Griff zu bekommen. Als Mama fragte, ob sich denn später berufliche Vorteile für ihren Jungen ergeben würden, wenn er die r-Klasse besuchen würde, und der Direktor dies verneinte, war die Sache mit dem Sonderstatus vergessen. Der Direx wollte sich aber noch nicht damit abfinden, und wies Mama darauf hin, dass ihr Sohn ein Kind des Sozialismus sei, wonach Mama, wie von einer Hornisse gestochen, fluchtartig das Weite suchte. Zumindest im Zimmer des Direktors ward sie nie wieder gesehen. Und ich blieb ein Kind von Mama, die fortan immer wieder auf die „Russen-Zone" schimpfte.

Eineinhalb Jahre später hatte sich das Thema Eliteklasse endgültig erledigt. Die Wohnung in der Stavenstraße wurde zu klein, meine Schwester wuchs heran und verlangte ihr eigenes Reich. Im September 1977 zogen wir nach Stendal-Nord in die Mannsstraße – und ich wurde Schüler der POS „Wilhelm Pieck". Wohl habe ich mich nicht gefühlt an meinem ersten Tag, schließlich musterten mich meine Mitschüler von Kopf bis Fuß. Und die Mädchen tuschelten über mich. Eine sagte dann aber doch: „Der sieht doch nicht schlecht aus." Das beruhigte mich doch ungemein, sodass ich mich mit der Zeit einlebte. Meine Klassenlehrerin war Frau Hermann, die ich nach der vierten Klasse nie wieder gesehen habe.

Noch im selben Monat wurden wir in die Reihen der Thälmannpioniere aufgenommen. Das war die zweite staatliche Stufe auf dem Weg zum Erwachsenwerden. Am Wilhelm-Pieck-Denkmal, das neben der Schule stand, wurden wir eingeschworen auf den Klassenkampf, auf die Freundschaft zu den Kindern der Sowjetunion und den anderen sozialistischen Ländern, auf Ordnung und Sauberkeit und auf Hilfsbereitschaft. Und natürlich auf unser sozialistisches Vaterland, die DDR. Mein rotes Halstuch trug ich mit Stolz. Irgendwann erfuhr ich dann, dass Opa auch mal in einer Jugendorganisation war. Die aber trug nicht den Namen des großen Arbeiterführers und war auch nicht rot.

Die 70er-Jahre, das Jahrzehnt von Diskowelle, Dalli-Dalli, Columbo und Muppet-Show war auch das Jahrzehnt der Umbrüche und Veränderungen in der Familie. Wir sind zweimal umgezogen, ich habe schreiben, lesen und rechnen gelernt – und bekam 1979 noch eine Schwester. Mama war immer fasziniert von tschechischen Spielfilmen, sodass ein Name für das Neugeborene frühzeitig feststand: Jana.

Dennoch hatte ich das Gefühl, dass das Leben nur so dahin plätschert, sich außer „Ehen vor Gericht" und Willi Schwabes Rumpelkammer nichts bewegt. Ehen vor Gericht, eine Justiz-Doku, in der es um Scheidungen ging, war für Mama und Papa der TV-Höhepunkt eines jeden Monats. Ehen vor Gericht war die Urzeit-Barbara-Salesch und langweilte mich zu Tode. Hatten es sich Mama und Papa bequem gemacht, um immer wieder zu staunen, welch tolle Ehedramen sich die Autoren ausgedacht hatten, verkrümelte ich mich in mein Zimmer, versetzte mich in eine andere Zeit und brachte meine PVC-

Cowboys gegen heranrückende Rothäute in Stellung. Meistens überstanden sie dem Sturm der Indianer.

Hatte ich in der Stavenstraße den einen oder anderen Freund gefunden, blieb ich in der neuen Umgebung meinem Urinstinkt als Einzelgänger treu. Zumindest in der ersten Zeit. Dann hatten wir, einige Nachbarskinder und ich den Fußball entdeckt, und kickten tagein, tagaus auf der Wiese vor dem Block, wobei die Betonkante des Sandkastens auf der einen und zwei kleine Bäume auf der anderen Seite als Tore dienten. Manchmal spielten wir aber auch nur auf ein Tor, wobei sich der Schlussmann absolut neutral verhalten musste. Dass das nicht immer gelang, oder gelingen wollte, lag auf der Hand. Und so musste ein guter Fußballer schon mal eine zweistellige Niederlage gegen einen weniger guten Altersgenossen einstecken, weil es das Turnier unheimlich spannend gemacht hatte.

Obwohl ich bei den Rasenmeisterschaften regelmäßig Mittelmaß war, machte sich das Training doch bezahlt. So wurde ich hin und wieder bei Klassenspielen eingesetzt, bei denen meine 6b gegen die 6a oder 6c kickte. Ich spielte zwar nie durch, und war meistens Bankdrücker, doch einmal gelang mir der ganz große Wurf. Beim Stand von 4:4 – ich glaube, es war gegen die 6a – bekam ich eine Flanke so unglücklich ans Knie, dass der Ball prompt ins Tor rollte. Wir gewannen 5:4 und fortan musste ich mich mit der Rolle des Jokers abfinden. Ein Treffer gelang mir allerdings nie mehr. Die Klassenspiele wurden immer recht kurzfristig organisiert, meist in der ersten Hofpause. Dann war noch genug Zeit, bis zum Nachmittag eine schlagkräftige Truppe zusammenzustellen. Mehrere meiner Klassenkameraden spielten in einem Verein, entweder bei Lok oder bei Empor.

Im Sommer 1981 meinte ich, dass es an der Zeit sei, selbst einem Fußballverein beizutreten, weil uns die Lehrer ständig damit nervten, unserer Freizeitgestaltung einen gesellschaftlich relevanten Sinn zu geben. Junge Naturforscher, junge Techniker, junge Modellbauer, junge Fotografen, junge Chemiker, geschickte Hände, und was es sonst noch so alles gab – nichts davon interessierte mich. Mit dem Beitritt zu Empor Stendal – unsere Heimstätte war der Sportplatz in der Haferbreite – hatte ich dem Drängen des Lehrkörpers Zufriedenheit verschafft. Jetzt gab es in meiner Klasse nur noch zwei oder drei Jungen, die in ihrer Freizeit lieber herumstromerten, als sich der staatlich geforderten Nachmittagsbeschäftigung zu unterwerfen. Der Verfall der sozialistischen Moral und Sitten schien erst einmal aufgehalten.

Dass ich nun einem Fußballverein angehörte, schien die richtige Entscheidung gewesen zu sein. In einem ersten Trainingsspiel schoss ich gleich ein Dutzend Tore, was mich für kurze Zeit zum halbstarken Achim Streich der Altmark machte. Dem Trainer war danach klar, wo er mich einzusetzen hatte – natürlich im Sturm. Ich wollte meinen Namen ja auch mal in der Zeitung lesen.

Nach ungefähr zwei Wochen, in denen ich beim Training immer wieder meine Torjägerqualitäten mehr oder weniger unter Beweis gestellt hatte, waren wir zu einem Jugendturnier beim TuS Wahrburg eingeladen. Gespielt wurde auf Großfeld. Papa und mein Cousin weilten unter den Zuschauern und wollten sich meine Kickerkünste auf keinen Fall entgehen lassen. Doch irgendwie war an diesem Nachmittag der Fußballwurm drin – und mit mir als Angriffsspitze gelang uns nicht ein einziger Treffer. Die Abseitsregelung war für mich ein Buch mit sieben Siegeln, und wenn ich doch mal den Ball bekam, scheiterte ich kläglich an den technisch versierten gegnerischen Abwehrspielern. Auch im Kombinationsspiel war ich völlig überfordert. Entweder konzentrierte ich mich auf den Ball – oder auf die Mitspieler. Beides unter einen Hut zu bringen, schaffte ich nicht.

Nach einem Monat Fußballerdasein sah ich ein, dass aus mir kein Achim Streich werden würde. Ich hing meine Töppen an den Nagel, wo schon das Schachbrett und die -figuren hingen, und ging als wohl erfolgslosester Nachwuchsspieler aller Zeiten in die Vereinsannalen ein: nicht ein Punktspiel bestritten, nicht ein Tor geschossen und von Abseits so viel Ahnung wie ein Pinguin von der Anatomie einer asiatischen Wandermücke.

Nur wenige Wochen nach meiner knapp verpassten Fußballerkarriere weckte ein Artikel in der Volksstimme meine Aufmerksamkeit. Darin wurde zu einer Fernschach-Bezirksmeisterschaft aufgerufen. Und weil es mir trotz meiner bis dahin atemberaubenden Misserfolge im königlichen Spiel an allem fehlte, außer an Selbstvertrauen, meldete ich mich schließlich an. Ich sah mich schon auf dem Thron, flankiert von Schachludern, die mich herzten. Die Realität war dann doch eher ernüchternd. So oft ich es auch versuchte – niemand fiel auf das Schäfermatt hinein. Damit konnte ja niemand rechnen, und die imaginären weiblichen Schönheiten musste ich in den Wind schießen. Ein Herr Milde aus Kalbe versuchte es allerdings, mich mit dem Schäfermatt hinters Licht zu führen. Er hatte ja keine Ahnung, dass er auf einen Gegner trifft, der den Ausfall der Dame nach den beiden Doppelschritten der e-Bauern bis ins kleinste Detail beherrschte. Diese Partie gewann ich auch, es blieb bei dieser Meisterschaft allerdings mein einziges Erfolgserlebnis.

Der Zufall wollte es, dass ich im darauffolgenden Winter wieder unter die Haube sozialistischer Ordnung kam. Als Mandy und ich meine Tante in Röxe besuchten, und am frühen Abend mit dem Linienbus die Heimreise nach Nord antraten, erspähte ich einige Bänke hinter uns Herrn Müller, den Jugendtrainer der Schachspieler Lok Stendals. Ich packte die Gelegenheit beim Schopfe, stand auf, ging auf Herrn Müller zu, und fragte ihn, ob ich am darauffolgenden Dienstag mit meiner Schwester beim Training vorbeischauen könne. „Klar, könnt ihr kommen", sagte der 47-Jährige. Ich bedankte mich, setzte mich wieder neben meine Schwester und berichtete ihr, dass Herr Müller einverstanden sei. Auch, wenn ich meine Schachkarriere, die damals noch gar nicht begonnen hatte, bereits beendet hatte, wollte ich den 32 Figuren auf den 64 Feldern noch eine zweite Chance geben.

Teil III

Drei Tage später machten wir uns am späten Nachmittag auf den Weg zum Pionierhaus. Es war frostig an diesem 15. Dezember 1981, und weil es bereits dämmerte, glitzerte der Schnee im spärlichen Licht der volkseigenen Straßenlaternen. Ein Radfahrer, der wohl das selbe Ziel hatte wie wir, kam auf dem glatten Untergrund ins Schleudern, hielt sich aber mit akrobatischem Können in der Senkrechten und fragte, ob wir auch zum Schach wollen. „Dann können wir ja gleich eine Partie spielen", schlug der Zwölfjährige vor. Jetzt gab es kein Zurück mehr. Ich hoffte, mich nicht bis auf die Knochen zu blamieren und willigte ein.

Ein paar Minuten später saßen wir uns gegenüber. Frank, so viel hatte ich herausgefunden, unterbreitete das Angebot, mit einer Uhr zu spielen. Offenbar hatte mein Grübeln über den nächsten Zug seine Geduld arg strapaziert. Er stellte das Zeitmessgerät auf fünf Minutehn ein, und führte seinen ersten Zug aus. Noch ehe ich mich versehen hatte, waren zwei Minuten vorüber – und ich hatte immer noch nicht gezogen. „Wenn das rote Blättchen fällt, dann hast du verloren", klärte er mich auf. Ich zog so schnell wie ich noch nie gezogen hatte, es folgte ein offener Schlagabtausch und ehe ich mich versehen hatte, war ich in ein Mattnetz hineingelaufen. Trotzdem schlug ich mich wacker, denn von den sechs Partien gewann ich zwei, was mich motivierte, am darauffolgenden Dienstag wieder im Pionierhaus zu erscheinen und die nächsten Lektionen einzustecken.
Die Schmach meiner ersten Schachschritte war vergessen – und von Mal zu Mal wurde ich besser. Dennoch waren da

noch die Bezirksmeisterschaften im Fernschach, bei denen ich in den meisten Partien hoffnungslos auf Verlust stand.

Kurz nach dem Jahreswechsel nahm ich zum ersten Mal am Erwachsenentraining teil. In der Hoffnung, meine neuen Mitstreiter würden mir den einen oder anderen Tipp geben, wie ich meinen Kopf noch aus der Schlinge ziehen kann, führte ich meine Partien vor. Doch die Stellungen waren bereits so schlecht, dass mir auch die Stärksten der Starken keine Auswege präsentieren konnten. Der Traum, von Schachludern flankiert, auf dem obersten Treppchen zu stehen, war ausgeträumt.

Inzwischen fiel es Papa auch immer schwerer, mich matt zu setzen. Immer wieder versuchte er es mit dem Schäfermatt – erfolglos. Einmal kreierte ich sogar eine Eröffnungsfalle, nicht ahnend, dass ich Amerika nur wiederentdeckt hatte: 1.e2-e4 e7-e5, 2. Dd1-h5 Sb8-c6, 3. Lf1-c4 g7-g6, 4. Dh5-f3 Sg8-f6, 5. Df3-b3 Sc6-d4!, 6. Lc4xf7+ Ke8-e7, 7. Db3-c4 b7-b5. Die Dame muss von der Diagonale weichen, und nachdem ich mich des Läufers auf f7 bedient hatte, streckte Papa bald die Waffen. War bisher Schach die Lieblingsbeschäftigung in unserer Familie – außer Mama und der zwei Jahre alten Jana beherrschten die anderen die Regeln – schlugen Papa und Mandy vor, auf Rommé umzusteigen. Da hatte ich dann wieder meist das Nachsehen – und Papa war der Kartenguru schlechthin. Auch Mandy hielt sich wacker, obwohl die ja gerade einmal acht Jahre alt war.

Dennoch hatte mich das Schach in seinen Bann gezogen. Selbst in der Schule konnte ich davon kaum ablassen. Ich bastelte mir ein Brett samt Figuren aus Papier und spielte mit meinem Banknachbarn Mike Partie um Partie. Plötzlich aber war es vorbei mit der Schachherrlichkeit, und damit, den Stoff, den uns unsere Lehrer zu vermitteln versuchten, an Ohren und Hirn vorbeifliegen zu lassen. Fräulein Voß, die uns in die Geheimnisse der Zahlen und Formeln einzuweihen hatte, schlug eines Tages mit dem Tafellinial, das immerhin ein Meter lang und aus den unerschöpflichen Holzvorräten des Thüringer Waldes hergestellt war, mit voller Wucht auf die Bank – genau zwischen Mike und mir. Nicht nur, dass wir uns fürchterlich erschraken – ich ließ sogar das Schachspiel samt Papierfiguren fallen. Nachdem ich meine Kunstwerke eingesammelt hatte, verschwanden die Utensilien des königlichen Spiels in der Tasche und wurden – zumindest im Mathe-Unterricht der achten Klasse – nie wieder hervorgeholt.

Zweimal in der Woche ging ich von nun an zum Training. Dienstags im Pionierhaus und freitags im RAW-Kultursaal. Etwa 20 Jugendliche versammelten sich regelmäßig um die Tische – über mangelnden Konkurrenzkampf konnte sich niemand beklagen. Das einzig Beklagenswerte war meine Spielstärke. Gegen die meisten Jugendlichen verlor ich sang- und klanglos, nur hin und wieder erschien mir ein Licht am Ende des Niederlagentunnels. Als ich mir im Frühjahr 1982 das erste Schachbuch zulegte („Schach ernst und heiter") und mir zum ersten Mal eine Schachzeitung kaufte, stiegen meine Fähigkeiten in einem Tempo, das selbst ich nicht für möglich gehalten hatte. Das Buch war meine Bibel, die mir den Weg zur schachlichen Erleuchtung wies.

Drei Monate später war ich zwar immer noch ein Patzer, aber

einer mit aufstrebender Tendenz. Mitte des Monats gastierte der Großmeister Dr. Burkhard Malich im Heinrich-Mann-Saal. Malich, der in den 70er-Jahren zur DDR-Spitze gehörte, gab auch in jenem Jahr eine Simultanvorstellung. Es war immer wieder dieselbe Zeremonie: Zu Beginn erzählte Malich ein paar Anekdoten, die er im Ausland – auch im nichtsozialistischen Wirtschaftsgebiet – erlebt hatte. Dann wurden die Gutscheine verteilt. Jeder, der sich dem Großmeister stellte, hatte die Wahl zwischen einer Bockwurst und einer Bulette und durfte sich zudem ein Getränk genehmigen. Alles natürlich auf Reichsbahnkosten, die als Veranstalter der Simultanrunden fungierte. In der Zwischenzeit hatte der Maestro schon einige Runden gedreht – und die ersten Hobbyspieler bezwungen. Gleich bei meiner Premiere war ich einer der Letzten, die noch spielten. Die Stellung war so kompliziert, dass ich meinen Vereinskameraden Bodo befragte, was ich denn ziehen solle. Er deutete nur auf meinen Turm, ich zog – und Malich setzte mich einzügig matt. Der Gesichtsausdruck Bodos sprach Bände.

Aber schon ein paar Monate später revanchierte ich mich. Im August nahm ich zum ersten Mal an einem Turnier teil – am Jugendturnier des Stendaler Pokalturniers. Gleich in der ersten Runde bekam ich es mit Bodo zu tun, mit dem ich mich in der Zwischenzeit trotz seiner hinterhältigen Attacke angefreundet hatte. Entweder war es nicht Bodos Tag, oder er hatte mich unterschätzt – die Revanche gelang und Bodo schlich von dannen wie ein begossener Schachpudel. Insgesamt holte ich bei diesem Turnier 2,5 Punkte, belegte den neunten bis elften Platz bei 14 Teilnehmern. Immerhin war ich jetzt nicht mehr

Patzer Nummer eins. Drei andere Spieler, unter ihnen Bodo, waren einem reinen Patzer-Wahn verfallen.

Wiederum zwei Monate später standen zwei weitere Schachhöhepunkte an. Zum einen das erste Punktspiel. In der Bezirksklasse, ich spielte in der zweiten Jugendmannschaft, reisten wir nach Wolmirstedt – und traten mit einem 6:0-Erfolg die Heimreise in die Altmark an. Ich hatte leichtes Spiel mit meinem Gegner – ebenso wie meine Mitspieler. Bodos Gegner erschien etwas zu spät, dafür aber voll motiviert. Als die ersten Züge absolviert waren, wies Bodo sein Gegenüber auf die Schreibpflicht hin. Worauf dieser erstaunt antwortete: „Mitschreiben? Wir sind doch hier nicht bei den Profis." Aber es half nichts. Nachdem ihn sein Trainer auf die Schreibpflicht hingewiesen hatte, musste er wohl oder übel jeden Zug notieren. Da war mein Gegner schon fortgeschrittener, obwohl sie sich in der Spielstärke auch nicht so viel nahmen.

Als alle Partien beendet waren, und wir noch genügend Zeit hatten, bis der Zug in Richtung Stendal abfuhr, lud uns Herr Müller zum Mittagessen ein. Ich hatte mir Schnitzel bestellt, mit Salzkartoffeln und Mischgemüse. Wie ich also nun beim Ausbalancieren bin, um ein wenig Kartoffel, ein wenig Gemüse und ein kleines Stück Fleisch auf einer Gabelladung unterzubringen – da rollte mir doch eine Erbse vom Esswerkzeug auf den Boden. Für einen 15-Jährigen ist so etwas der OPZDMSDK – der oberpeinlichste Zwischenfall, den man sich denken kann. Ich tat natürlich, als hätte ich das nicht bemerkt. Herr Müller hatte es aber mitbekommen, und konnte es nicht erwarten, mir am darauffolgenden Freitag mitzuteilen: „Ich habe gesehen, dass dir eine Erbse runtergefallen ist." Ich bekam einen hochroten Kopf, gab keinen Mucks von mir und hoffte inständig, dass ich nicht mit dem Spitznamen Erbse durchs Leben laufen muss.

Die ersten Kreiseinzelmeisterschaften der Jugend wurden zu einem Triumph des kottkeschen Willens. Nachdem ich, in der Altersklasse 15/16 startend, zunächst meinen Vereinskameraden Peter Möring bezwungen hatte, trotzte ich auch noch Axel Heimbuch ein Remis ab. Nur gegen Thomas Kluge, der einer unserer besten Jugendlichen war, hatte ich keine Chance. Dennoch reichten die 1,5 Punkte, um mich für die Bezirksmeisterschaften, die in den Februarferien 1983 in Schönebeck ausgetragen wurden, zu qualifizieren.
Nach diesem erfolgreichen Schachjahr 1982 mussten Mama und Papa erkennen, dass ihr Spross langsam flügge wurde. So verbrachte ich die Jahreswende zum ersten Mal nicht im Familienkreise, sondern mit mehr oder weniger befreundeten Schachspielern. Die mir zwar immer noch das Wasser reichen konnten, sich am Beschaffen alkoholischer Getränke aber sehr zurückgehalten hatten. So blieb es den ganzen Silvesterabend bei einigen Bierchen, nachdem uns die Mutter unseres Gastgebers ein dem Anlass entsprechendes Mahl gereicht hatte. Wir hatten uns im Vorfeld verabredet, dass jeder etwas zur Feier mitbringen sollte. Und wer wieder nichts dabei hatte, war unser Freund Bodo. Wir gaben uns schließlich damit zufrieden, dass er fünf Mark beisteuern sollte, was er auch tat. Es dauerte aber nicht lange, da war das Geld auf mysteriöse Weise verschwunden. Wir vermuteten, dass Bodo, der schon mehrfach Bekanntschaft mit den Ordnungshütern geschlossen hatte, wieder einmal zum Langfinger mutierte. Nachweisen konnten wir es ihm aber nie.

Obwohl Bodo ein mehr oder weniger kleiner Gauner war, konnte man sich andererseits auf ihn verlassen. Auf dem Schachbrett. Da kämpfte er mit harten Bandagen, kannte weder Freud noch Leid, wobei er immer öfters zu leiden hatte. Dann nämlich, wenn ich ihm wieder einmal seine schachlichen Grenzen aufgezeigt hatte – und das passierte immer häufiger. Andererseits steckte er Niederlagen weg wie ein Mann, hatte sich ein ganzes Repertoire an Ausreden zurecht gelegt. Mal hat ihn ein heimtückischer Grippevirus erwischt, mal hatte er einfach nur Pech und mal habe er ja nur experimentieren wollen. Dass seine imaginären Experimente immer wieder scheiterten, diesen Zusammenhang erfasste Bodo nicht.

Während es in der Schule immer schlechter lief, weil mich das Faulheitssyndrom völlig für sich eingenommen hatte, kannten Fleiß und Erfolg beim Schach kaum Grenzen. Ich büffelte Eröffnungsvarianten, spielte Partien von alten und neuen Meistern nach und erfreute mich an taktischen Ergüssen wie ein Jugendlicher, der seine ersten Liebeserfahrungen macht. Bei den Bezirksmeisterschaften, für die ich mich qualifiziert hatte, belegte ich einen vorderen Platz, ohne jedoch ernsthaft in das Geschehen um den Titelkampf eingreifen zu können. Ich kehrte zwar ohne Medaille heim, und hatte meine Zielstellung, die nächsthöhere Leistungsklasse zu erklimmen, knapp verpasst, dafür aber viel gelernt. Zum Beispiel, dass es nichts nützt, Eröffnungsvarianten auswendig zu lernen, ohne die strategischen und taktischen Ideen, die dahinter stecken, zu verstehen. Zumindest das hatte ich Bodo nun voraus.

Auf der Rückfahrt hatten wir, die an den Meisterschaften

teilgenommen hatten, noch ein wenig Aufenthalt in Magdeburg. Torsten Hansch, Thomas Rosenhöfer, Thomas Kluge und ich nutzten die Zeit, um in der Mitropa unser gutes Abschneiden mit einem deftigen Mittagessen zu feiern. Als es ans Bezahlen ging, und Thomas Rosenhöfer als erster die Rechnung präsentiert bekam, gab ihm die Kellnerin das Wechselgeld in Pfennigstücken heraus. Es müssen an die 70 oder 80 gewesen sein, die nun in der von Natur aus jugendlich schmalen Brieftasche ihren Platz beanspruchten. Während Thomas versuchte, die Aluchips fachgerecht zu verstauen, hatte ich einen hinterhältigen Plan ersonnen. Ich bestellte noch eine Selters, und nutzte die Zeit, um die Pfennigstücke zu wechseln. Ich schob Thomas ein paar Groschen zu und nahm das Kleingeld an mich. Mit der Selters kam auch die Rechnung – und die Gesichtszüge der Kellnerin entglitten, als ich ihr die inzwischen gestapelten Pfennige hinüber schob. Eins aber bekam sie nicht: Trinkgeld. Unfreundlichkeit wurde auch im Sozialismus nicht belohnt.

Als Meister der Bezirksliga – ich spielte inzwischen in der ersten Jugendmannschaft – nahmen wir im Sommer in Leipzig an den Aufstiegsspielen zur DDR-Liga teil. Meine Mitspieler waren schon ein Jahr zuvor in Halle nah dran, in die höchste Spielklasse für Jugendmannschaften aufzusteigen, scheiterten aber knapp. Mit zwei klaren Siegen – gegen Wismar und eine Leipziger Mannschaft – packten wir es diesmal. Herr Müller war so angespannt, dass er jedesmal, wenn wir spielen mussten, eine Runde durch den angrenzenden Zoo drehte. Zur Mannschaft gehörten damals Torsten Hansch, Thomas Glaß, Thomas Rosenhöfer, Axel Heimbuch, Thomas Kluge und ich.
Bei den Bezirksmeisterschaften gut abgeschnitten, mit der

Mannschaft den Aufstieg geschafft – bei mir ging es weiter bergauf, während Bodo nach wie vor an chronischer Erfolglosigkeit litt. Natürlich wollte er sich das nicht eingestehen, und forderte mich, wo er nur konnte, zum geistigen Kräftemessen auf. Vergleichskämpfe standen damals hoch im Kurs. Hin und wieder gewann Bodo auch eine Partie, einem Vergleichskampf hielt er allerdings nie stand. Auch diesmal nicht – im Februar 1984.

Teil IV

Bodo trommelte nervös mit seinen Fingern auf dem Tisch herum. Das tat er immer, wenn er am Verlieren war. Er versuchte, seine Enttäuschung zu verbergen und den Gegner durch das monotone Geräusch in die Irre zu führen.
In der Tat hatte Bodo allen Grund zum Trommeln. Sein König war umringt von meinen Schwerfiguren, mein Randbauer benötigte nur noch zwei Züge, um sich in eine Dame zu verwandeln, und seine Springer waren zu Statisten verurteilt. Kein Zweifel: Das Ende der Partie stand unmittelbar bevor. Bodo drückte seine Zigarette aus, legte sein Kinn in die Hand und verharrte regungslos. Kein Augenzwinkern, kein Seufzen, kein Räuspern. Nur das Ticken der Schachuhr unterbrach diese spannungsgeladene Stille. Plötzlich griff Bodo zum Kugelschreiber, notierte auf sein Partieformular „1-0", legte den Stift beiseite und erstarrte erneut. Ich blickte ihn an, bemerkte, wie sich seine Augen unruhig hin und her bewegten, um auch den verborgensten Winkel des Schachbrettes zu erfassen und nach einem Rettungsanker Ausschau zu halten.
„Ein guter Schachspieler weiß, wann er aufgeben sollte", sagte ich siegesgewiss. Bodo erwachte aus seiner Starre und reichte mir seine schweißbenetzte Hand. „Den Turmzug habe ich völlig übersehen", versuchte er, einen Grund für seine Niederlage auszumachen. „Aber, wenn ich im 25. Zug den Läufer geopfert hätte, dann hätte ich gewonnen." Flugs hatte er die entsprechende Stellung aufgebaut, schlug mit einem „hier, das meine ich" meinen Bauern auf h7 und schüttelte den Kopf, als wollte er sagen: „Dass ich so einen simplen Zug übersehen konnte." Es dauerte ganze fünf Minuten, bis ich Bodo davon überzeugt hatte, dass auch das Läuferopfer nicht

gewonnen hätte. Der arme Kerl war jetzt völlig fertig. Hatte er sich doch insgeheim Hoffnungen gemacht, dieses Match zu gewinnen. Er lag zwar mit 1:5 zurück, wollte aber mit der siebenten Partie eine beispiellose Aufholjagd starten. Zeit war noch – wir spielten damals nach dem WM-Modus. Gewonnen hatte derjenige, der zuerst sechs Siege für sich verbuchen konnte. Statt der erhofften Wende, endete der Zweikampf für Bodo in einem Desaster.

Bodo und ich verbrachten an diesem kalten Wintertag des noch Stunden am Schachbrett. Schach war unser Leben! Und für Bodo waren Siege auf den 64 Feldern eine Möglichkeit, sein Selbstwertgefühl aufzupolieren.
Denn zu Hause hatte er nicht viel zu lachen. Sein Vater hatte ihn sehr streng erzogen, wohl in dem Glauben, dass ein paar Hiebe mit der Hundeleine das geeignete Erziehungsmittel seien, das Leben seines Filius in geordnete Bahnen zu lenken. Zwar ging Elsbeth, seine Mutter haben wir immer nur beim Vornamen genannt, machmal dazwischen, wenn ihr Sohn vor Schmerzen quiekend in der Ecke kauerte, doch sich gegen einen Hünen von 1,95 Meter zu behaupten, war der zierlichen Frau unmöglich. Prügel steckte Bodo von seinem Vater ein, wie Kinder Süßigkeiten zu Weihnachten. Vielleicht aber war der Vater auch nur enttäuscht von seinem Sohn, der es in der Schule nicht weit gebracht hatte und sie mit dem Abschluss der sechsten Klasse verließ.

Dumm war Bodo nicht, nur stinkefaul. In den paar Monaten, in denen er eine Schusterlehre in Angriff genommen hatte, sich mit ausgelatschten Schuhen, abgebrochenen Absätzen und den cholerischen Anfällen seines Meister herumschlagen musste, hat er sich selbst ein Denkmal gesetzt. Immer Ebbe in der Brieftasche erwartete er nichts sehnsüchtiger, als den nächsten Lohntütenball. Eine Wortschöpfung, die ihn unsterblich machte – für uns. Lohntütenball war der Zahltag und kommt heute noch in unserem Wortschatz vor. Damals gab es ja noch Bargeld – und nicht jeder ließ sich seinen monatlichen Obolus aufs Konto überweisen. Der wurde dann in eine Papiertüte gesteckt und in einer mehr oder weniger feierlichen Zeremonie dem Angestellten zusammen mit dem Lohnstreifen übergeben. Auch „Knistern" stammt aus Bodos Hirn – als Synonym für das körperliche Zusammentreffen mit paarungsbereiten Weibchen.

Sein älterer Bruder Ralf, der ihm vielleicht helfend zur Seite gestanden hätte, hatte beizeiten den elterlichen Schoß verlassen und eine Karriere bei der Polizei gestartet. In den 1990er-Jahren machte Ralf einmal Schlagzeilen, als er ein Kind vor dem Ertrinken gerettet hatte. Sogar die Zeitung mit den großen Buchstaben berichtete damals. Der Artikel zeigte, dass Ralfs Entschluss Anfang der 80er-Jahre richtig war. Er stand immer noch bei den Ordnungshütern in Lohn und Brot.

Etwa ein Jahr, nachdem Bodo und ich uns angefreundet hatten, starb sein Peiniger. Und mit der Familie ging es zusehends bergab. Für Bodo war der Tod seines Vaters eine Befreiung, für Elsbeth war er der Anfang vom Ende. Mag der Alte auch brutal gewesen sein, die Familie war einigermaßen intakt. Er hat zwar Bodo geschlagen, aber nie seine Frau. Jedenfalls habe ich davon nie etwas mitbekommen.

Elsbeth war tabletten- und alkoholsüchtig. Sie lag manchmal tagelang im Bett und unternahm nicht einmal den geringsten Versuch, aufzustehen. Wenn ich Bodo besuchte, unterhielt ich mich mit seiner Mutter meist durch die geschlossene Schlafzimmertür. Ich war 15, sie war hilflos und Bodo riss sich nicht gerade das sprichwörtliche Bein aus, um Elsbeth zu helfen.

Der Vater hatte seinerzeit eine Lebensversicherung abgeschlossen, die nach seinem Tod ausgezahlt wurde – 20.000 Mark! War Bodo sonst immer knapp bei Kasse, hatte er jetzt Geld wie Heu. Zuerst schaffte er für sich und seine Mutter ein Farbfernsehgerät an – das preiswerteste Modell kostete in der DDR rund 6.000 Mark – dann ein Fahrrad, eine Waschmaschine der gehobenen Art und allerlei Kleinkram, den man zwar nicht braucht, aber kauft, wenn man nicht auf den Pfennig achten muss.
Es dauerte auch nicht lange, bis das Geld der Lebensversicherung aufgebraucht war. Zuerst verkauften Bodo und Elsbeth das Fahrrad – man kann ja auch zu Fuß gehen. Dann tauschten sie den Farbfernseher gegen ein Schwarz-Weiß-Gerät ein – sind ja auch zwei Farben, noch dazu mit zahlreichen Grautönen. Als letzte Kapitalanlage war die Waschmaschine an der Reihe. Statt eines Vollautomaten waren sie nun mehr oder weniger stolze Besitzer einer „WM 66". Der Name hat weniger mit dem Wembleytor zu tun, als viel mehr mit dem Jahr, als dieser **W**asch**M**aschinentyp das Licht der sozialistischen Planwirtschaft erblickte. Die halbautomatische WM 66 stand in den meisten Badezimmern oder Waschkellern der ostdeutschen Haushalte. Heute genießt sie Kultstatus.

Schwarzi war von einem ganz anderen Schlag als Bodo. Bei ihm herrschten geordnete Familienverhältnisse, auch, wenn sich seine Eltern schon vor Jahren getrennt hatten. Schwarzis Mutter hatte alles im Griff. Tagsüber arbeitete die gelernte Kellnerin im Exquisit, dem Delikatladen der Modebranche. Nach Feierabend brachte sie ihren Haushalt auf Vordermann und gab ihren Kindern das Gefühl, das Wichtigste auf der Welt zu sein.

Schwarzis Schwester Heike war meine erste Freundin. Ich war 16, sie 14. Wir schworen uns ewige Liebe und wollten für immer zusammenbleiben. Als Teenager sahen wir die Welt eben durch eine rosarote Brille. Aber nach sechseinhalb Monaten hatte sie genug von mir – wer sollte es ihr verdenken. Wir trennten uns schließlich. Natürlich ist so etwas ein herber Schlag für einen Heranwachsenden. So viel ich auch auf sie einredete, Schwarzis Schwester blieb hart. Da gab es nichts mehr zu kitten.
Dass Heike und ich ein Paar waren, tat der Freundschaft zu Schwarzi aber keinen Abbruch. Und erst recht nicht, als die Beziehung beendet war. Als wäre nie etwas gewesen, saßen Bodo, Schwarzi und ich oft zusammen, philosophierten über die großen Rätsel dieser Welt, diskutierten über unseren Verein, tranken Bier und spielten Schach. Mitunter besuchte Schwarzis Mutter unsere jugendliche Runde, machte uns darauf aufmerksam, dass es schon spät sei und ermahnte ihren Sohn, nicht so viel zu trinken.

Schwarzi war, was die Körperlänge betrifft, der Größte in unserem Quartett. Er wirkte mitunter ein wenig schlaksig, versuchte dies aber zu verbergen, indem er immer kerzengerade saß. Ich habe es nicht einmal erlebt, dass er sich auf seiner Schlafcouch entspannt zurücklehnte. Und hatte

Schwarzi auch das eine oder andere Zipperlein, ein Hohlkreuz ganz bestimmt nicht.

Das Schach hatte Schwarzi ebenso in seinen Bann gezogen wie Bodo und mich. Wir hatten uns gerade kennengelernt, als unser Verein ein Blitzturnier veranstaltete. 20 Spieler, vom Jugendlichen bis zum Rentner, kämpften um die Punkte. Wir bezeichneten uns damals als „lumpige Amateure", in Anlehnung an Egon Olsen. Der hatte seine Kumpanen Benny und Kjeld oft so betitelt, wenn wieder einmal sein großartiger Plan schief gegangen war. Die Olsenbande war der Straßenfeger schlechthin in der DDR. Und wir waren Fans des dänischen Gaunertrios.

Bei diesem Turnier an jenem Freitag legte Schwarzi einen furiosen Start hin, gewann die ersten vier Partien, während Bodo und ich am Tabellenende herumlungerten. In einer kleinen Pause blickte ich etwas neidisch zu Schwarzi hinüber, der, wie konnte es auch anders sein, kerzengerade saß. Er schaute gelangweilt auf das Nachbarbrett, wo sich gerade unsere besten Spieler duellierten. Er lächelte so zufrieden – das Bild habe ich nie aus meinem Kopf bekommen. Wer ihn nicht kannte, hätte ihn für einen Großmeister halten können. Aber er hatte nur verdammt viel Glück an diesem Abend.

Schwarzi war felsenfest davon überzeugt, dass er nahezu unbesiegbar werden könnte, würde er eine Sonnenbrille mit Spiegelgläsern tragen. Aber so etwas in der DDR zu bekommen, war ohne Beziehungen oder Westverwandtschaft unmöglich. Er hatte sich nämlich gedacht, dass, wenn der Gegner nicht sieht, auf welchen Teil des Brettes er gerade blickt, es ihm gelingen würde, einen Punkt nach dem anderen einzuheimsen. Natürlich war das kompletter Unsinn. Aber sein

Traum von der Sonnenbrille mit den Spiegelgläsern sollte sich doch noch erfüllen. Allerdings erst Jahre später, als Schwarzi das Spielen im Verein längst aufgegeben und sich die Welt verändert hatte.

Schwarzi und Bodo waren zwei Jahre älter als ich. Bodo hatte eine Lehre als Schuster begonnen, Schwarzi startete als Schlosser-Lehrling im RAW (Reichsbahnausbesserungswerk – d. Aut.) ins Berufsleben. Bodo schmiss schon nach ein paar Wochen den Schuh beziehungsweise das sprichwörtliche Handtuch. Jeden Tag früh aufstehen, und nach zwei Jahren nur einen Teilfacharbeiterabschluss in der Tasche – das war nicht seine Berufung. Und so war er der einzige Arbeitslose, den ich in der DDR kannte.

Obwohl Bodo keinen Beitrag leistete, die sozialistische Gemeinschaft zu stärken, konnte er sich Sticheleien nicht verkneifen. So nannte er Schwarzi immer wieder abwertend einen „Bohrli und Feili". Er freute sich diebisch darüber, wenn der nachmittags um drei kaputt von der Arbeit kam, während er sich noch den Schlaf aus den Augen wischte. Aber Schwarzi war auch nicht auf den Mund gefallen. Als Bodo ihn wieder einmal nervte, meinte er nur müde lächelnd: „Lieber Bohrli und Feili als Schusterteili." Das hatte gesessen! Bodo drehte uns den Rücken zu und verschwand in der Haustür. Drei Tage ward er nicht mehr gesehen. Dann klingelte er bei Schwarzi. Und bei einem Versöhnungsbierchen wurde das Kriegsbeil begraben. So, wie es sich für echte Freunde gehört.

Der Lustigste von uns aber war Frank. So wie wir Klaus Bodo nannten und Norbert Schwarzi, hatten wir Frank den Spitznamen Doktor verpasst. Er brachte uns nicht nur ständig

zum Lachen, sondern hielt uns mit dem neuesten Klatsch aus dem Verein auf dem Laufenden. Kennengelernt habe ich ihn, als er zwölf war. Es war am 15. Dezember 1981, als ich das erste Mal am Kinder- und Jugendtraining im Pionierhaus teilnahm. Mit ihm spielte ich meine ersten Partien gegen einen aktiven Schachspieler. Wenn ich mich recht entsinne, habe ich mich gar nicht schlecht geschlagen und verlor unser kleines Blitzmatch nur mit 2:4.
Mit der Zeit freundeten wir uns an. Er besuchte dieselbe Schule wie Bodo und Schwarzi. Und so vergingen gerade einmal ein paar Monate, bis der Doktor unser Jugend-Quartett vervollständigte.

Er war das jüngste von drei Kindern. Seine Mutter hatte ihn allein aufgezogen, sein Vater hatte sich kurz nach seiner Geburt anderweitig orientiert. Des Doktors Brüder waren schon längst aus dem Haus. Der Älteste wohnte in Wittenberg, arbeitete dort als Physiker und hatte eine Familie gegründet. Und im Schach war der nur sehr schwer zu schlagen. Damals vermochte niemand von uns, ihn zu bezwingen. Immerhin hatte er sich den Titel Meisteranwärter (MA) erkämpft, als er zweimal in Folge das Wittenberger Turnier gewann. Das war damals eine feste Größe im Schach-Terminkalender – und irgendjemand aus Stendal war immer dabei.
Wer einmal in den elitären Kreis der Meisteranwärter vorgedrungen war, für den war es bis zum Großmeister-Titel zwar noch ein weiter Weg, aber nicht so klippenreich wie für jemanden, der die nächstniedrigere Leistungsklasse (1) besaß. Um Meisteranwärter zu werden, mussten bestimmte Kriterien erfüllt werden. Erst dann standen einem alle Schach-Türen offen, um zu Ruhm und Ehre zu gelangen. Allerdings gab es

einen kleinen Haken: Spätestens alle zwei Jahre musste die Norm bei mindestens einem Turnier bestätigt werden. Schaffte man das nicht, so wurde man zurückgestuft.
Zweifelsohne war des Doktors ältester Bruder das größere Talent im Spiel auf den 64 Feldern.

Der zweitälteste ist nur fünf Jahre älter als ich und arbeitete damals im RAW. Dort, wo auch Schwarzi seine ersten Erfahrungen im Berufsleben sammelte. Der Doktor war das Nesthäkchen. Und erfuhr nicht zuletzt auch deshalb besonders viel Mutterliebe. Mama legte abends schon das parat, was der Junior am nächsten Tag anziehen sollte, Mama bereitete ihm das Essen mundgerecht zu, Mama sprang, wenn Junior rief. Nach der Scheidung hatte Mama es nicht leicht gehabt mit drei Jungs. Aber wie die meisten alleinstehenden Mütter meisterte sie diese Aufgabe mit Bravour. Und schaffte es, ihre Kinder zu anständigen Menschen zu erziehen.

Teil V

Bodo, Schwarzi, der Doktor und ich wurden Freunde. Aber wenn wir uns auf dem Schachbrett duellierten, war Schluss mit den Nettigkeiten. So eng unsere Freundschaft auch war – beim Schach waren wir unerbittliche und gnadenlose Gegner. Damals muss es gewesen sein, als ich meinen Spruch erfand, den ich auch heute noch hin und wieder einem Kontrahenten an den Kopf werfe: „Ein Remis gegen dich käme einer schöpferischen Niederlage gleich." Wir verbrachten den größten Teil unserer Freizeit miteinander, halfen uns und tranken auch gern mal einen über den Durst. So, wie viele junge Menschen unserer Generation, die gerade damit begonnen hatten, die Welt zu entdecken. Und Antworten auf Fragen zu finden, die ihnen ihre Eltern nicht geben konnten.

Wieder einmal stand ein großes Turnier an. Die Kreiseinzelmeisterschaften (KEM) waren einer der Höhepunkte im Stendaler Schachleben. Natürlich haben wir uns niemals Chancen auf den Titel ausgerechnet, aber die Aussicht, den Großkopferten mal ein Schnippchen zu schlagen, war Motivation genug. Hatte man Losglück oder auch -pech, passierte es mitunter, dass wir Freunde gegeneinander spielen mussten. Dann konnte ich Bodo, Schwarzi oder dem Doktor auch mal zeigen, wo der Frosch die Locken hat. Die meisten unserer Partien gewann ich, obwohl Schwarzi damals oft genug betonte: „Wenn Schach ein gerechtes Spiel ist, dann endet die Partie mit meinem Sieg." Wie ungerecht empfand er das Schachspiel doch meistens!

Obwohl alle wussten, dass ich aus unserem Quartett die

Nummer eins bin – und bis auf Bodo auch akzeptierten – überließen sie mir das Feld niemals freiwillig. Sie kämpften bis zum nackten König, so, wie sich das für Sportler gehört. Es gab auch Partien, in denen ich hoffnungslos auf Verlust stand – aber das Ruder herumreißen konnte und noch gewann. Das waren dann sehr emotionale Momente, in denen es dem Verlierer große Überwindung kostete, die Tränen zurückzuhalten. Man ging dann besser, ehe die anderen Mitspieler die feuchten Augen sahen und man monatelang Hohn und Spott über sich ergehen lassen musste.

Wir hatten uns auf dieses Turnier gefreut – und vorbereitet. Natürlich jeder für sich. Ich hockte in meinem Zimmer und durchforstete meine Schachbücher nach heimtückischen Varianten. Damals verstand ich das Studium von Schacheröffnungen im Auswendiglernen endloser Schlangen von Zügen, ohne aber den Sinn dieser von Großmeistern auserkorenen Empfehlungen zu erfassen. Da passierte es oft, dass der Gegner im fünften Zug etwas ganz anderes spielte – und die Vorbereitung für die Katz war.
Ich liebte diese Atmosphäre, die bei den Schachturnieren herrschte. Man war unter Gleichgesinnten, traf Spieler, die man ein Jahr nicht gesehen hatte, neckte ein wenig die Konkurrenz und hatte das Gefühl, dass sich auf den 64 Feldern schon keine Dramen abspielen würden. Und dann dieser einzigartige Holzgeruch, wenn die Figuren und Bretter aus dem Schrank geholt wurden! Und spannender als das Ticken der Uhren als einziges Geräusch im Raum, während sich 20 oder noch mehr Denksportler den Kopf über den besten Zug zermartern, war damals nichts für uns. Dabei hat ein kluger Mensch Jahre später einmal gesagt: „Man muss nicht den

besten Zug finden, sondern den, der dem Gegner die meisten Probleme bereitet."

Auf den Schach-Olymp gelangte man als 16-Jähriger, in dem man einem Erwachsenen zeigte, wo der Hammer hängt. In unseren Anfangsjahren geschah dies vielleicht ein- oder zweimal. Und wer das schaffte, war in den Kreisen der Schach spielenden Halbstarken über Monate ein Held. Damit dieser Triumph nicht so schnell in Vergessenheit geriet, erinnerte man seine Altersgenossen bei jeder passenden Gelegenheit an das Husarenstück. Sätze wie „Gegen Herrn Müller habe ich den Springer nach d4 gezogen, weil ..." gehörten zum Standardrepertoire. Jedenfalls bis zum nächsten Turnier, bei dem man wieder auf den Boden der Tatsachen zurückgeholt wurde.

Die Kreismeisterschaft erstreckte sich über drei Tage. Am Freitagabend wurde die erste Runde ausgetragen, am Sonnabend und Sonntag wurden jeweils drei Partien gespielt. In jenem Jahr geschah etwas seltenes – wir vier hatten unsere Auftaktpartien gewonnen und trotteten zufrieden nach Hause.

In der zweiten Runde duellierte ich mich mit Schwarzi, während sich Bodo mit irgendeinem Kind herumplagen musste, und der Doktor Heike die Grenzen ihrer schachlichen Beschränktheit aufzuzeigen hatte. Das gelang ihm auch recht schnell, er hatte der einzigen „Dame" in der Männer-Runde demonstriert, dass sie wohl die erste Anwärterin auf den letzten Platz sein würde. Mit viel Charme und wenig Mühe hatte er Heikes König in ein Mattnetz getrieben und ihn dort zur Strecke gebracht.

Bodo hatte seinen Gegner wohl gehörig unterschätzt. Seine Figuren erinnerten an einen aufgeschreckten Hühnerhaufen, der sich in alle Richtungen verstreut hatte. Nur sein König war Manns genug, sich mit den gegnerischen Streitkräften in der Brettmitte anzulegen. Was ihm allerdings auch nichts einbrachte. Und so dauerte es nicht lange, bis sein Gegenüber, der den Stimmbruch noch vor sich hatte, ein flüsterndes „Matt" von sich gab. Schwarzi überraschte ich mit einer eigens für ihn vorbereiteten Eröffnung. Und in der Tat tappte er in die sorgsam präparierte Falle – und der zweite Turnierpunkt war meiner.

Am Nachmittag kassierten wir allesamt Niederlagen. Während der Doktor und ich immerhin zwei Punkte hatten, schien das Turnier für Bodo und Schwarzi bereits gelaufen.

Beim sogenannten „Schweizer System" wird so ausgelost, dass nach Möglichkeit punktgleiche Kontrahenten gegeneinander antreten. Und so war es auch an diesem Sonnabend – einem Tag, der mein Leben verändern sollte. Ich spielte gegen einen unserer stärksten Vereinsmitglieder und bot ihm lange die Stirn. Es roch geradezu nach einer Überraschung, und in Gedanken komponierte ich schon die Lobeshymnen, die ich nach dieser Partie über mich selbst singen würde. Auf dem Brett hatte sich eine Stellung mit beiderseitigen Chancen ergeben. Aber je länger wir an diesem Abend über unsere Züge grübelten, um so mehr beschlich mich ein Gefühl des Unbehagens. Schließlich spitzte sich die Situation dramatisch zu. Ich hatte nur noch Sekunden auf meiner Uhr, Christian noch zehn Minuten. Inzwischen hatten sich zahlreiche Kiebitze, also Zuschauer, an unserem Tisch eingefunden. Ich spielte das schnellste Schach, das ich bis dahin je gespielt hatte. Ohne zu überlegen musste ich ziehen – und dann war es schließlich passiert: Schachmatt! Ich ließ mich in den weichen Sessel zurückfallen, senkte den Kopf und

hielt die Hände vors Gesicht. Der Stachel der Enttäuschung hatte meine Schach-Seele durchbohrt. Als ich mich einigermaßen gefangen hatte und die Hände wieder herunter nahm, war es um mich geschehen: Ich blickte in die schönsten Augen, die ich jemals gesehen hatte. Sie stand inmitten der Kiebitze, schaute mich mitleidig an, als wollte sie sagen: „Es ist doch nur ein Spiel." Ihre blonden Haare schimmerten in dem fahlen Licht, das auf die Schachtische fiel und ihr Blick war erfüllt von Neugier und Güte. An diesem Abend hatte ich mich in das schönste Mädchen der Stadt verliebt und die Niederlage gegen Christian war vergessen.
Übrigens habe ich mich 19 Jahre später in einem Bezirksklasse-Punktspiel, wir spielten inzwischen in unterschiedlichen Vereinen, sehenswert revanchiert.

Teil VI

Damals, wie heute, war es üblich, Partien im Nachhinein mit dem Gegner zu analysieren. Das wollten auch Christian und ich an jenem Abend. Aber es kam nicht dazu. Ich konnte keinen klaren Gedanken fassen beim Anblick dieses Wesens, das mir die Sinne geraubt hatte. Ich war nur noch zu einem fähig: dieses Mädchen zu beobachten. Und zwar so, dass sie es nicht bemerkte.

Seitdem ich angefangen hatte, im Verein Schach zu spielen, wusste ich, dass beim Stadtkonkurrenten TuS Wahrburg eine junge Dame die Figuren bewegt. Ich hatte aber nie einen Gedanken daran verschwendet – warum auch. Schließlich wusste ich ja noch nicht einmal, wie sie aussieht. Und dann war da ja auch noch Heike. Vor Heike hatte ich noch nicht einmal eine Ahnung davon, dass es zweierlei Menschen gibt. Und davor waren alle Mädchen doof.
Jetzt aber hatte ich die Pubertät hinter mir gelassen. Die Suche nach einer geeigneten Nachfolgerin Heikes lief auf Hochtouren. Die heiße Phase der Partnerwahl war eingeläutet worden. Ein Schelm, der Arges dabei denkt.
Der Doktor war ein echter Blitzmerker. Er hatte den Braten sofort gerochen. „Hast wohl ein Auge auf die geworfen", fragte er mit einem süffisanten Grinsen. Musste er aber auch immer mit der Tür ins Haus fallen? Ich antwortete nicht, sondern verdrehte nur die Augen.

Inzwischen hatte sich die Gruppe der Kiebitze aufgelöst. Einige hatten sich auf den Heimweg begeben, andere saßen noch ein wenig zusammen und frönten dem Spiel der Könige.

Die Räumlichkeiten beim TuS Wahrburg, der die Kreismeisterschaft im Ludwig-Turek-Klub ausrichtete, waren bestens geeignet, ein Turnier von solch großer regionaler Bedeutung auszutragen. Während im hinteren Zimmer die Köpfe rauchten beim Kampf um die Meisterschaft, wurden vorn Partien analysiert oder auch nur Schwätzchen gehalten. Und dort saß Christine. Dank umgehend eingeleiteter Recherchen hatte ich noch am selben Abend ihren Namen herausgefunden.

Sie saß auf einem dieser giftgrünen Sessel, bewegte die Figuren so vorsichtig, als seien sie aus Glas und könnten bei der kleinsten Erschütterung zerbrechen. Der Doktor und ich setzten uns vis-a-vis. „Wollen wir sie nervös machen?", schlug er vor. Ich wollte gerade fragen, wie er das denn anstellen will, da hatte er seinen Blick schon auf Christine gerichtet und starrte sie an. Nicht einmal hat er geblinzelt. Ich tat es ihm gleich. Das musste sie doch bemerken. Aber Christine brachte nichts aus der Ruhe. Stattdessen versuchte sie weiterhin, zielstrebig die Figuren ihres Gegners zu umzingeln.

Aus irgendeinem Grund hatte sie nicht an unserer Meisterschaft teilgenommen. Ich denke, sie hatte einfach keine Zeit. Es waren gerade Winterferien, und der Schulabschluss stand unmittelbar bevor. Sofort nach den Ferien wurde mit der schriftlichen Russisch-Prüfung der Auftakt vollzogen zu den Hürden, die man meistern musste, bevor die Lehrer ihre Schützlinge guten oder weniger guten Gewissens ins Leben entließen.

Dabei hätte ich die Prüfung beinahe verpatzt. Wurden die Kenntnisse in der Sprache des großen Bruders überprüft, war das Tragen der FDJ-Bluse nämlich Pflicht. Das hatte ich überhaupt nicht mehr auf dem Schirm – und wurde nicht zugelassen. Ich stürmte zur Bushaltestelle, fuhr fast bis zum Linienende, rannte nach Hause, griff das FDJ-Hemd und erwischte den selben Bus, der nun in die entgegengesetzte Richtung fuhr. Zwei Stunden waren für die Prüfung vorgesehen – ich hatte nur noch eine. Aber ich hab's geschafft – und mit der Note „zwei" war ich mehr als zufrieden.

Christine hatte ihre Partie an jenem Abend gewonnen. Und wir hatten die Aussichtslosigkeit unseres Unterfangens eingesehen, das Mädchen wie eine Beute zu fixieren.
Irgendwann ging sie. Die Millionen Schmetterlinge, die sie geweckt hatte, und die in meinem Bauch umherflatterten, verfielen wieder in einen tiefen Schlaf. Aber nur, um eines nicht fernen Tages wieder zu erwachen.

Nach und nach leerte sich das Spiellokal – und gegen Mitternacht beschlossen auch wir, uns auf den Heimweg zu begeben. Es war auch höchste Zeit, denn am Sonntag ging das Turnier – für einen 16-Jährigen in aller Herrgottsfrühe – mit der fünften Runde in die entscheidende Phase. Ich schlief in dieser Nacht nicht viel. Diese Begegnung mit Christine beschäftigte mich, sodass ich stundenlang kein Auge zugemacht habe. Immer wieder lief derselbe Film in meinem Kopf ab: wie sie mich angeschaut hatte, wie graziös sie die Figuren bewegt hatte, wie schön sie war. Und wie wunderbar doch Schmetterlinge sein können.
Ich hatte gehofft, Christine am nächsten Tag wiederzusehen. Aber sie erschien nicht. Hatten der Doktor und ich, als wir sie anstarrten, sie etwa verärgert? Während ich mich mit meinen Schachproblemchen herumschlug, wurde mir klar, dass sie mir

fehlte. Ich hatte sie höchstens eine Stunde gesehen, aber diesen Blick, der mich elektrisiert hatte, den habe ich nie vergessen. Nie wieder hat mich ein Mädchen so angeschaut.

Bodo war wieder auf dem Boden der Tatsachen gelandet. Er belegte einen Platz irgendwo im unteren Tabellendrittel – und begründete seinen Misserfolg damit, dass ihm wohl eine Grippe in den Knochen stecken müsse. Sogar Schwarzi kam noch vor ihm ins Ziel, der daraufhin wochenlang mit seiner Schadenfreude nicht hinter dem Berg halten konnte. Saßen die beiden am Schachbrett, jagte eine Verbalspitze die andere. Manchmal war es unterhaltsamer, Schwarzis schlauen Sprüchen zu lauschen, als der Klötzchenschieberei zuzusehen. Aber Bodo war auch erstaunlich. Einerseits war er nicht gerade auf den Mund gefallen – er verwies immer wieder auf die Grippe, die im Anmarsch gewesen sei, aber nie ausbrach – andererseits ließ er sich tagelang nicht blicken, wenn jemand eine unerhörte Tatsache ausgesprochen hatte. Aber vielleicht war er ja wirklich erkältet.

Für den Doktor war das Turnier gut verlaufen. Er belegte einen respektablen Mittelfeldplatz. Für einen 14-Jährigen keine üble Leistung. Und ich? Ich entwickelte am Tag eins nach der Begegnung mit Christine ungeahnte psychische Kräfte. Ich holte aus den letzten drei Runden noch zweieinhalb Punkte und wurde Fünfter.

Niemand kann Mutter Natur alle Geheimnisse entlocken. Eines ihrer größten ist das Erwachsenwerden. Plötzlich wird alles anders. Jahre einer unbeschwerten Kindheit versinken im Strudel der Vergangenheit und die Erinnerungen verblassen im

Laufe der Jahre. Die Teenager-Gegenwart ist ein einziges Chaos – die Gefühle geraten völlig durcheinander. Und die Zukunft ist wie ein unbeschriebenes Blatt Papier, auf dem sich in vagen Umrissen Hoffnungen und Träume erkennen lassen.

Ich habe nie ein Tagebuch geführt. Zu unwichtig erschien mir mein Leben, als dass es jemanden geben könnte, der sich dafür interessieren würde. Jetzt aber gab es jemanden, mit dem ich mein junges Leben teilen wollte. Aber wollte sie es? Mich beschäftigte vor allem eins: Wie konnte ich es anstellen, Christine wiederzusehen? In einem Jahr, wenn die nächste Meisterschaft stattfindet? So lange wollte ich auf keinen Fall warten. Meine Gedanken drehten sich schon jetzt nur um sie – und ein Jahr, das war doch so entsetzlich lang. Also entwickelte ich einen Plan. Nicht ganz fair, aber doch die einzige Möglichkeit, die Schmetterlinge, die in meinem Bauch schlummerten, wieder zum Leben zu erwecken. Scließlich ist im Krieg und in der Liebe alles erlaubt. Und ich erlaubte mir sehr viel.

Am Freitag nach unserer Meisterschaft tauchte ich zur Trainingszeit bei TuS Wahrburg auf. Jener Verein, der den Wettkampf der besten Schachspieler des Landkreises ausgerichtet hatte. Ich hoffte natürlich, Christine zu treffen. Aber mit fortschreitender Stunde wurde mir klar, dass sie nicht erscheinen würde. Und doch erfuhr ich an diesem Abend wenigstens, wo sie wohnt. „Zum Glück in Stendal", dachte ich, „und nicht auf einem Dorf, wohin man noch radeln müsste." Ein Auto besaßen wir natürlich nicht, geschweige denn einen Führerschein. Ich war ja erst 16. Der einzige, der jemals motorisiert war in unserem Quartett, war der Doktor. Er hatte sich von seinem Jugendweihegeld ein Moped angeschafft. Das durfte man schon fahren, wenn man das 15. Lebensjahr vollendet hatte.

Teil VII

Der Februar war immer ein gefürchteter Monat. Zum einen standen drei Wochen Winterferien an, zum anderen gab es aber auch die berühmten Giftblätter mit Schlagsahne, wie wir die Zeugnisse nannten. Bei mir hatten die Giftblätter immer die Oberhand – warum, kann ich mir bis heute nicht erklären. Diesmal allerdings waren sie mit einer gehörigen Portion Schlagsahne garniert, schließlich war es das letzte Zeugnis, bevor der Rat der Pädagogen zum großen Schlag ausholen sollte – den Prüfungen. Da legte selbst ich mich nochmal ordentlich ins Zeug. So ganz glücklich war ich aber trotzdem nicht.

Ich hatte immerhin Jahre meiner Kindheit und Jugend investiert, um mir einen Namen im Lehrerkollegium zu machen – als größter Faulpelz unter der sozialistischen Sonne. Die Pauker hatten es wahrlich nicht leicht mit mir. Zum Beispiel mein Klassenlehrer Herr Rossow. Er unterrichtete uns in Geschichte und Sport. In der neunten Klasse hatte er mich sogar einmal zu den Leichtathletik-Hallenkreismeisterschaften geschickt, um die Schule beim 3000-Meter-Lauf zu vertreten. Wenn ich mich recht entsinne, wurde ich entspannt Letzter. Meinen Altersgenossen in meiner und in den beiden Parallelklassen lief ich allerdings regelmäßig davon – bis ich in der zehnten Klasse mit dem Rauchen begann. Da war es vorbei mit dem Steffen Waldemar Cierpinski Kottke.
Geschichte interessierte mich damals so viel wie Keuchhusten einer afrikanischen Zwergantilope. In einem Test sollten wir einmal Fragen zur Reformation beantworten. Der arme Herr Rossow muss fast vom Stuhl gefallen sein, als er meinen

geistigen Erguss zu dem Thema in den Händen hielt: „Tut mir leid. Ich war noch nicht geboren." Er fand's offenbar so originell, dass er meinen Kommentar vor der Klasse verlas. Natürlich verriet er nicht, wer ihn geschrieben hat. Aber die meisten wussten es.

Herr Rossow konnte einem nie wirklich böse sein. Er glaubte an das Gute im Menschen, selbst in mir. Jahre später hat er mir sogar das Leben gerettet. Aber das ist eine ganz andere Geschichte.

Wie in anderen Schulen gab es auch bei uns Pädagogen unterschiedlicher Couleur: Lehrer, die man mochte, Lehrer, bei denen man das Pausenzeichen gar nicht erwarten konnte, Lehrer, in deren Unterricht man sich fast alles erlaubte. Eine solche war unsere Chemielehrerin Frau Grahl, deren Tochter dieselbe Schule besuchte, an der die Meisterin der Elemente ihr Bestes gab, ihren Schützlingen das Einmaleins des Periodensystems beizubringen. Schwatzen, essen, Kaugummi kauen, die Mitschüler mit Streichen necken – alles war erlaubt. Manchmal ging es im Unterricht so laut zu wie in der Bahnhofsvorhalle.

Frau Grahl hat nie versucht, dieses unerhörte Verhalten zu unterbinden. Sie war eine kleine zierliche Person, die gerade so über den klobigen Lehrertisch aus echter ostdeutscher Eiche blicken konnte. Ich habe es nie verstanden, wie unsere Klassenbesten es schafften, das Fach Chemie Schuljahr für Schuljahr mit einem „sehr gut" abzuschließen. Ich bin immer knapp an einer Fünf vorbeigeschrammt, was aber weniger an Frau Grahl lag, sondern an meinem grundlegenden Desinteresse für Sulfate und Sulfite, chemische Reaktionen und was in den schuleigenen Reagenzgläsern noch so für „Zaubereien" vor sich gingen.

Einmal hat Frau Grahl mir meine Zukunft vorhergesagt. Sie trug einen durchsichtigen flüssigen Stoff, der in einen Glasbehälter gefüllt war, vorsichtig durch die Klasse. Die Schüler sollten dran riechen und sagen, worum es sich handelt. Allen kam der Geruch bekannt vor, aber aus mir platzte es heraus: „Benzin!" „Oh, da haben wir ja einen Kraftfahrer unter uns", entgegnete sie. Ich hätte stutzig werden müssen.

Ganz das Gegenteil von Frau Grahl war Herr Strittmatter – nicht nur, was das Geschlecht betrifft. In der siebenten Klasse unterrichtete er uns in Physik, in der zehnten in Mathe. Im Gegensatz zu Chemie interessierten mich Zahlen schon mein Leben lang. Auch heute noch. Wenn ich mal Langeweile habe – was so oft nun auch wieder nicht vorkommt – fertige ich zu irgendwelchen sinnfreien Themen ebenso sinnfreie Statistiken an. Dabei schrecke ich auch vor Selbstversuchen nicht zurück. Ich ging zum Beispiel der Frage nach, wie lange ich – über einen längeren Zeitraum – die Luft anhalten kann. Alles natürlich statistisch erfasst und graphisch unterlegt.
Herr Strittmatter machte nie einen Unterschied zwischen den Schülern, denen die Gabe für Zahlen und Formeln in die Wiege gelegt wurde, und denen, die weniger Glück hatten. Den Unterricht zu stören war bei Stritti, wie wir ihn nannten, undenkbar. Konnte einer dann doch mal nicht an sich halten und meinte, den Klassenclown spielen zu müssen, musterte ihn Stritti wenigstens 60 Sekunden lang ohne zu blinzeln. So etwas kann einen 16-Jährigen ganz schön einschüchtern. Zeigte der selbsternannte Witzbold Reue, in dem er den Kopf

senkte, ließ Stritti noch einen Spruch gucken, ging zur Tagesordnung über – und die Sache war vergessen.
Während seiner Armeezeit, erzählte er später, hatte er angefangen, Schach zu spielen. Als er es geschafft und den Stuben-Olymp bestiegen hatte, war die Zeit des Ehrendienstes bei der Nationalen Volksarmee (NVA) schon wieder vorbei. Irgendwann hatte er mitbekommen, dass ich Schach bei Lok Stendal spiele und lud mich zu einem kleinen Match nach dem Unterricht ein. Wir trennten uns 2:2, aber ich war erstaunt über seine Kenntnisse. Ich verriet ihm, dass wir Schachspieler uns freitags im RAW-Kultursaal treffen, und er doch mal vorbeischauen könne. Ein paar Wochen später kam er. Und er blieb. So hatten Stritti und ich in meinen letzten Schulwochen einen gemeinsamen Nenner, der in der Summe aber auch nicht mehr als eine drei auf dem Abschlusszeugnis einbrachte.

Als pubertierende Jugendliche bewunderten wir mit zunehmendem Alter bei einem Teil unserer Lehrerinnen augenscheinliche Qualitäten mehr als ihre pädagogischen Fähigkeiten. Frau Krahl, die wir in der achten Klasse in Mathe hatten, und Frau Walther, die uns in der zehnten Klasse die deutsche Sprache näherzubringen versuchte, standen in der Hitliste der Weiblichkeit ganz oben. Zumindest bei den meistens Jungs. Dass sie „unerhört alt" waren, störte die wenigsten. Für einen 16-Jährigen hat man mit 35 schon Sand in der Tasche und ist nicht mehr weit davon entfernt, seniorenspezifische Vergünstigungen in Anspruch nehmen zu dürfen. Und die Rente, die damals noch sicher war, schien in Sichtweite. Zum Leidwesen des einen oder anderen Schülers ließ sich weder Frau Krahl noch Frau Walther jemals auf einen Sturm der Leidenschaft ein.

Einer der beliebtesten Lehrer war Herr Rilling, der uns in Staatsbürgerkunde, kurz Stabü, die Vorzüge des Sozialismus aufzeigte. Das Fach selbst war meist trockener Stoff, aber der Pädagoge war Spitze. Inmitten seiner Erklärungen streute er immer wieder einen kleinen Witz oder ein Wortspiel ein, genau darauf achtend, dass daraus kein Politikum zu machen ist. Meine Mama erzählte mir einmal, dass sie Herrn Rilling schon aus ihrer Jugendzeit kannte. Und mit ihm einmal auf seinem heißen Ofen – wie es nun mal in den 50er-Jahren war – gefahren war. Wohin der Ausflug ging, konnte ich ihr aber nicht entlocken.

In Erinnerung bleibt mir auch Herr Ganzer, der leider schon sehr früh – ich glaube, Anfang der 90er-Jahre – starb. Bei ihm spurten sogar die sogenannten Siedlungskinder, die gefürchtet waren für ihre Streiche und ihr vorlautes Verhalten. Herr Ganzer, der sich auch hin und wieder bei Grabenstedt in der Holstenstraße ein Bierchen genehmigte und mit den Proletariern Skat spielte, hatte den Kniff raus, wie man mit einer Horde Halbstarker umgeht. Er war nicht unbedingt kumpelhaft, doch er schaffte es, die Siedlungskinder zu bändigen. Er wohnte schließlich auch dort – und kannte die meisten Jugendlichen und deren Eltern. Wir hatten ihn in der zehnten Klasse in Astronomie. Seine Aussagen über das Universum werde ich niemals vergessen. Sie sind Beleg dafür, wie sich Wissenschaft in wenigen Jahrzehnten entwickeln kann. Ich hoffe, er hat seinen Frieden gefunden. Wo immer er auch sein mag.

Wenn sich Herr Schulze ans Schul-Piano setzte und dem alten Klapperkasten Töne entlockte, deren Aneinanderreihung er als

Meilensteine der Klassik bezeichnete, gähnten nicht wenige meiner Mitschüler. Ich natürlich ebenfalls. In Zeiten der Neuen Deutschen Welle, quasi unseren Meilensteinen, waren wir auf dem Klassik-Ohr taub wie Beethoven, und verrückt wie Mozart, wenn wir für Nena schwärmten oder auf dem Schulflur einsilbig und mehrstimmig ein „da da da" von uns gaben. Wenn Musik-Schulze die Klaviertasten bearbeitete wie ein Metzger eine Schweinehälfte, schien er versunken in einer Welt der Noten, die für uns Jugendliche unerreichbar war. Kam er wieder zu sich und entdeckte einen gähnenden oder gar schlafenden Halbstarken, hatte dieser bei der folgenden Standpauke nichts zu lachen. Und während sich Musik-Schulze darüber entrüstete, dass es offenbar Schüler gibt, die so wenig Kunstverständnis aufbringen, fiel ihm immer wieder eine Locke ins Gesicht. Herr Schulze hatte nämlich, trotz seines aus unserer Sicht biblischen Alters einen ausgesprochen gesunden Haarwuchs. Immer aufgehübscht mit den angesagtesten Frisuren der 50er-Jahre – nur diese verdammte Locke gab ihn, natürlich heimlich, der Lächerlichkeit preis.

Der Unterricht bei Herrn Willuweit war geradezu paradiesisch. In der siebenten Klasse erzählte er uns, dass sich einmal Amerikaner als Indianer verkleideten und den gesamten aus England angelieferten Tee ins Meer warfen. Das Ereignis, das als Boston-Tea-Party in die Geschichtsbücher Eingang gefunden hat, schien uns völlig absurd. Wieso sollte jemand Tee ins Meer schütten? Und dann vielleicht noch den guten Pfefferminztee. Wir Schüler konnten uns das nur so erklären, dass der Tee den Amis wohl nicht geschmeckt haben muss.
Bei Herrn Willuweit ging es auch nicht gerade leise zu. Aber er konnte bestimmte Dinge sehr plastisch erklären – und dann

waren wir mucksmäuschenstill. Und bei der Festlegung der Zeugnisnote orientierte er sich nicht nur am Zensurendurchschnitt, sondern bezog auch Fleiß und Mitarbeit mit ein. Manchmal bekam man sogar eine „eins", wenn man sich in einer Unterrichtsstunde besonders engagiert hatte. Zum Halbjahr hatte ich mir einen Schnitt von 1,7 erarbeitet, trotzdem bekam ich ein „sehr gut".

Der Tag war gekommen, als die Zeugnisse ausgegeben wurden. Obwohl meine Erwartungen gedämpft waren, war ich doch überrascht, als Herr Rossow mich fragte, ob ich denn krank sei. Ich hatte den besten Noten-Durchschnitt seit der Unterstufe und freute mich wie ein Schneekönig auf die Winterferien. „Nee, ick brauche nur een ordentlichen Abschluss, wenn ick in der Konsü anfangen will." Die Konsü, das war die Schokoladenfabrik im Nachbarort Tangermünde, kurz Schoko genannt. Und mein späterer Lehrmeister Herr Molenda hatte mir beim Vorstellungsgespräch verdeutlicht, dass ich nur dann eine Lehre zum Süßwarenfacharbeiter beginnen könne, wenn ich die zehnte Klasse erfolgreich abschließe. Bis dahin war es zwar noch ein weiter Weg, aber ein passables Halbjahreszeugnis war schon mal die halbe Miete.

Ursprünglich wollte ich Kellner werden. Kurz vor den Herbstferien hatte ich sogar schon ein Vorstellungsgespräch bei der staatlichen Handelsorganisation, der HO. Noch wichtiger als ein ordentlicher Schulabschluss war für die Kaderchefin offenbar ein vernünftiger Haarschnitt. Und so sagte ich zu, meine Mecke zu einem Meckchen stutzen zu lassen. Es war die Zeit der Langhaarigen, aber ich sah auch kein Problem darin, mit kurzen Haaren durch die Gegend zu laufen.

Wenige Tage nach dem Gespräch erhielt ich Post – ein Brief von der HO. Darin bedauerte die Betriebsleitung mir mitteilen zu müssen, dass das Kontingent an Lehrlingen bereits erschöpft sei. Na wenigstens musste ich jetzt nicht zum Friseur. Auch wenn ich der Absage eine positive Seite abgewinnen konnte, wusste ich, dass da etwas nicht ganz koscher abgelaufen war. Ich kenne bis heute nicht den wahren Grund, und selbst meine Stasi-Akte gibt darüber keinen Aufschluss, aber ich denke, dass Schuldirektor Wagner seine Finger im Spiel hatte. Drei Jahre zuvor nämlich – in der siebten (!) Klasse – hatte ich mich dazu verpflichtet, meinen „Ehrendienst" bei der NVA von eineinhalb auf zehn Jahre zu verlängern. In der neunten Klasse, als ich mit Heike zusammen war, wiederrief ich meine Verpflichtung. So etwas wurde einem in der DDR sehr übel genommen. Von anderen „Ehrendienstleistenden" erfuhr man, dass derartige Elemente nicht sofort nach der Lehre eingezogen wurden, wie allgemein üblich, sondern erst dann, wenn sie bereits eine Familie gegründet hatten. Die Saat einer Konterrevolution musste schließlich im Keim erstickt werden.

Die Ausbildung zum Kellner hatte ich abgehakt – und mit Hilfe des Berufsberatungszentrums eine Lehrstelle in der Schoko ergattert.

Teil VIII

Jetzt aber musste ich Prioritäten setzen. Ich hatte ja noch eine Mission zu erfüllen: Christine. Doch wie sollte ich es anstellen, ihr Herz zu gewinnen? Hatte sie mich überhaupt wahrgenommen? Und vor allem: War ich ihr Typ? Ein Plan musste her. Schlau taktieren und nicht mit der Tür ins Haus fallen. Und ich gewann den Doktor als moralische Unterstützung für mein Vorhaben.
Wir waren davon überzeugt, dass Christine einer Einladung ins Kino wohl kaum widerstehen könnte. Das war im Leben der Jugendlichen in den 80er-Jahren Romantik pur: Das Licht geht aus, auf der Leinwand werden die ersten Szenen eingespielt – und so, als würde man sich nur bequemer hinsetzen wollen, legt man seinen Arm um die Angebetete. Der weitere Verlauf körperlicher Annäherung hing in der Regel davon ab, wie mutig der Werbende war. Und natürlich davon, ob es ein Film mit Überlänge war oder nicht.

Aber gerade das war mein Schwachpunkt. Ich war ausgesprochen feige, wenn es darum ging, ein Mädchen anzusprechen. Zu groß war meine Furcht vor einem Korb. Aber am peinlichsten war, dass, wenn ich mich dann doch zu einer Verbal-Offensive entschlossen hatte, ich fürchterlich zu stottern begann. Kopf leer, keine Ahnung mehr, was ich sagen wollte – nicht mal der Zentralrat der Fliesentischbesitzer vermochte mir dann zu helfen. Und doch gab es keinen anderen Weg, wollte ich Christine wiedersehen.
Es war einer dieser malerischen Postkarten-Wintertage, als der Doktor und ich uns auf den Weg machten. Zielstrebig steuerten wir den Hans-Beimler-Ring an, der sich im selben

Stadtgebiet befand, in dem wir wohnten. Er auf seinem heißgeliebten Fahrrad, das er stets und ständig bei sich hatte, ich trottete neben her. Nach höchstens zehn Minuten standen wir vor Christines Haustür. Ich schaute aufs Klingelschild. Und während ich bemerkte, dass ein unkontrolliertes Zittern in meinen Knien einsetzte, drehte ich mich um und warf dem Doktor ein „Ja, hier wohnt sie", entgegen. „Na dann, worauf wartest du? Klingele endlich." „Ich weiß nicht. Was, wenn sie nein sagt." „Dann weißt du Bescheid, und kannst nach einer anderen Ausschau halten. Da wäre zum Beispiel..." Er brachte den Satz nicht zu Ende, da hatte ich, zu meinem eigenen Entsetzen, so fest auf den Klingelknopf gedrückt, wie ich konnte. Ich wollte jetzt auch keine Namen potenzieller Heike-Nachfolgerinnen hören. Ich hatte mich in das eine Mädchen verliebt. Dass sie etwas Besonderes, und nicht nur die Schwärmerei eines pubertären Pickelbruders ist, hatte ich schon bei der Meisterschaft bemerkt.

„Du bist vielleicht ein Gast", entgegnete ich, während ich auf das Summen der Tür wartete und der Doktor Ausschau hielt, ob sich an einem der Fenster etwas tut. Mit dem geflügelten „du bist ein Gast" machten wir unserem Gesprächspartner zu jener Zeit klar, dass er nichts weiter als Unsinn redet. Als der Gast aus der Mode kam, wechselten wir zum Arbeitslosen. „Kunden schickt das Arbeitsamt" stand von nun an ganz oben auf der Hitliste unserer Redewendungen. Hin und wieder benutze ich sie auch heute noch – und ernte regelmäßig Blicke, denen man das Fragezeichen regelrecht ansieht. Nachfragen gibt's aber kaum.

Während wir nun auf ein Zeichen warteten, tat sich – nichts!

Ich drückte noch einmal auf die Klingel. Und noch einmal. Und noch einmal. Der Summer blieb stumm, die Fenster zu, und die Gardinen bewegten sich keinen Millimeter. „Bist du sicher, dass das die richtige Wohnung ist", fragte der Doktor. „Na guck doch: dritter Stock rechts. Und außerdem: So häufig kommt der Nachname ja nun auch nicht vor." Ich musste der Sache auf den Grund gehen und klingelte bei den Nachbarn. „Wer ist da?", meldete sich eine ältere Frau, die offenbar das Küchenfenster geöffnet hatte. „Guten Tag. Wir suchen Familie Bähne", machte ich ihr den Grund für die unerwartete Störung klar. „Familie Bähne? Die wohnen nicht mehr hier", schleuderte mir die alte Dame entgegen und schüttelte mitleidig den Kopf. Sie hatte ja immerhin genug Lebenserfahrung, um zu wissen, warum wir suchen. „Die wohnen nicht mehr hier?", fragte ich ungläubig. „Ja wissen Sie denn, wo die hingezogen sind?" „Genau nicht. Aber ich glaube, die wohnen jetzt in Weißwasser."

K.o. in der ersten Runde. Mein Kopf fühlte sich an, wie von einem Vorschlaghammer getroffen. Weißwasser in der Oberlausitz. Das waren gute 200 Kilometer. Luftlinie versteht sich. In einem Land der motorisierten Mangelwirtschaft befand sich die Oberlausitz quasi auf einem anderen Planeten. Ich wollte mich noch einmal rückversichern und wiederholte: „Nach Weißwasser?" „Ja, sagte ich doch eben", erwiderte die alte Dame. „Na dann danke – und noch einen schönen Tag", vergaß ich trotz der Enttäuschung nicht meine guten Manieren.
„Da siehst du es", sagte der Doktor, der sich die ganze Zeit über stillschweigend an seinem Fahrrad festgehalten hatte. „Jetzt kannst du dir eine andere suchen", legte er nach. „Du

verstehst aber auch gar nichts", erwiderte ich. Christine war in mein Leben geplatzt – und jetzt sollte ich sie nie wiedersehen? Aber wie konnte es sein, dass sie vor ein paar Tagen unserer Meisterschaft einen Besuch abstattete und nun wie von der Oberlausitz verschluckt war. Ich konnte mir keinen Reim darauf machen. Aber was sollte ich tun? Mehr als ihren Namen und ihre Adresse hatte ich nicht. Und selbst, wenn ich gewusst hätte, wo sie in Weißwasser wohnt – es hätte im real existierenden Sozialismus, in dem das Fahrrad das verbreitetste Verkehrsmittel war, nichts genutzt.

Ist das Leben nicht manchmal ungerecht? Aber was wusste ich mit 16 Jahren schon vom Leben? Nichts! Eins aber wusste ich ganz genau: Ein Mädchen wie Christine wird immer ein Traum bleiben. Egal, wie viele hübsche Mädchen und Frauen mir in meinem Leben über den Weg laufen werden, Christine würde es ewig geben. In meinem Herzen. Jedesmal, wenn ich mich damals daran erinnerte, wie sie mich angesehen hatte, bekam ich eine Gänsehaut. Und manchmal bekomme ich sie heute noch.

Sie hatte sich einfach aus meinem Leben gestohlen. Aber wusste sie überhaupt, dass sie schon ein Teil meines Lebens war? Wir hatten ja noch nicht einmal ein Wort miteinander gewechselt. Nach dem Weißwasser-Schock war ich am Boden zerstört. Ich konnte kaum noch essen – und meine Freunde ließ ich tagelang im Ungewissen darüber, ob es mich überhaupt noch gibt. Auch meine Eltern machten sich langsam Sorgen. Ich hatte mich tagelang in meinem Zimmer verkrochen – ich wollte einfach niemanden sehen.
Mein einziger Trost in diesen schweren Tagen waren meine

Schachfiguren. Tagsüber setzte ich mich stundenlang ans Brett, wachte nachts auf und setzte die Plastikfiguren in Bewegung. Es war, als würden sie einen seltsamen Tanz aus Liebe und Vergessen aufführen.

Die Magie, die von den Schachfiguren ausging, war einzigartig. Wenn ich am Brett saß, konnte ich alles um mich herum vergessen. Ich entfloh in eine Welt, die aus strategischen Plänen, taktischen Ideen und der Überlegenheit des Geistes gegenüber der Materie bestand. Gefühle wie Liebe und Enttäuschung hatten darin keinen Platz. Aber auch die Grenzen zwischen Genie und Wahnsinn sind im Schach manchmal fließend. Der erste Weltmeister der Schachgeschichte, Wilhelm Steinitz, verbrachte die letzten Monate seines irdischen Daseins im Irrenhaus...
Irgendwann erholte ich mich aber von meinem Liebeskummer. Das Herz schmerzte zwar noch immer – aber das Leben ging weiter. An einem Freitagabend betrat ich wieder den Raum, in dem ich Christine begegnete. Ich war inzwischen aus meinem Verein Lok Stendal ausgetreten und war zum Stadtrivalen TuS Wahrburg gewechselt. Nicht zuletzt in der Hoffnung, dass sich die alte Dame am Fenster geirrt hatte und ich die Liebe meines Lebens noch ein einziges Mal zu sehen bekam.

Der letzte Wintermonat verging wie im Flug, und Anfang März hatte mich der Alltag wieder. Die Schule forderte meine ganze Aufmerksamkeit, und ich musste zumindest für ein halbes Jahr mein Faulheitssyndrom in den Griff bekommen. „Setz dich noch einmal auf den Hosenboden", mahnte Mama. Wie schon ihre Mama. Und deren Mama. „Ja, ich weiß: Ich lerne nicht für die Lehrer, sondern für mich", entgegnete ich mit einem frotzelnden Unterton. Aber sie hatte natürlich Recht. Mama und Papa wollen eben nur das Beste für ihren Nachwuchs. Das liegt ganz einfach in der Natur der Sache. Aber als 16-Jähriger sieht man das ganz anders. Heute erinnert man sich gern an die Schulzeit zurück. An unbeschwerte Jugend-Tage, an die Klassenkameraden, an die Streiche, an die erste Zigarette und an die erste Liebe. Heute gebe ich es unumwunden zu: Heike war zwar meine erste Freundin, aber nicht meine erste Liebe.

Teil IX

Am Montag nach den Ferien musste ich um 5.45 Uhr aus den Federn. Natürlich war ich zu bequem, mir einen Wecker anzuschaffen und so ließ ich mich – noch jahrelang – immer von Mama oder Papa wecken. So gut hatte es aber nicht jeder.

Bei uns im Schachverein gab es einen Gleichaltrigen, den wir nur „Willi" nannten. Er war ein wenig gehbehindert, meinte aber, sein körperliches Defizit mit einer gehörigen Portion Selbstvertrauen ausgleichen zu müssen. Ich weiß nicht, ob es stimmt, aber man erzählte sich damals, dass Willis Vater eine Methode entwickelt hatte, die seinem Filius sofort jeden Gedanken an Schlaf vergessen ließ. Das erste, das Willi morgens sah, war nämlich ein Handfeger. Und das erste Geräusch, das er vernahm, waren die dumpfen Schläge des Reinigungsutensils auf seinem nackten Körper.
Nach ein paar Schlägen waren Papa Willi zufrieden und die Frucht seiner Lenden putzmunter.

Im vorangegangenen Jahr – 1983 – war es auch, dass Willi wohl das weibliche Geschlecht entdeckt hatte. Er war beim Stendaler Pokalturnier, dass seit 1980 immer im August im RAW-Kultursaal ausgetragen wurde, mit zwei Punkten aus zwei Partien gestartet. In der dritten Runde musste er gegen den Doktor das Handtuch werfen – und in der vierten Runde gegen mich. Meine Cousine, die damals zu Besuch in Stendal war, saß mucksmäuschenstill neben uns – erst neben dem Doktor, dann neben mir. Obwohl sie nicht viel vom Schach verstand, faszinierte sie das Spiel offenbar. Jedenfalls verschwand Willi nach der Niederlage gegen mich aufs stille

Örtchen und ließ den Tränen der Enttäuschung freien Lauf. Als er sich wieder einigermaßen beruhigt hatte, tat er uns erst einmal kund, warum er verloren hatte: „Ist ja kein Wunder, wenn mich deine Cousine die ganze Zeit so anguckt." Um Ausreden, wenn es mal nicht so lief, wie es laufen sollte, waren weder Willi noch wir anderen nie verlegen. Bodo mit der Grippe, Willi, den offenbar die Blicke meiner Cousine aus dem Konzept brachten – und der Doktor mit Kopfschmerzen. In der Vorschlussrunde trafen wir nämlich aufeinander – und trennten uns remis. Ich hatte zunächst gedacht, dass ich leichtes Spiel haben würde, weil der Doktor über Kopfschmerzen klagte. Doch er hielt sich wacker. Das Unentschieden reichte ihm, um das Jugendturnier zu gewinnen. Ich wurde Zweiter.

Der Linienbus, der mich in den Stadtteil Nord zur Wilhelm-Pieck-Oberschule brachte, fuhr um 6.17 Uhr. Ich brauchte knapp fünf Minuten bis zur Haltestelle. Hin und wieder kam es vor, dass der Bus ausfiel. Aber nicht an diesem Montag. Obwohl die Gagarin-Straße erst die dritte Haltestelle der Tour war, war der Bus um diese Zeit meist proppevoll. Und jeden Morgen dasselbe Ritual: Sobald der „Schlenki" in die Gagarin-Straße einbog, drängten sich die Mitfahrenden an den Straßenrand. Es grenzt schon an ein kleines Wunder, dass dem einen oder anderen gelernten DDR-Bürger nicht mal ein Fuß abhanden gekommen ist. An diesem Morgen hatte der Bus etwas Majestätisches an sich. Blank poliert folgte er dem Straßenverlauf und das Licht der Laternen spiegelte sich auf seiner Metallhaut.

Ich hatte natürlich keine Ahnung davon, dass ein

entscheidendes Ereignis unmittelbar bevorstand. Der Bus hielt, ich hatte mich nach vorn gedrängelt – und erschrak plötzlich fürchterlich. Noch bevor ich den ersten Fuß auf die Stufen setzte, glaubte ich, einen Geist ausgemacht zu haben. Oder welche Erklärung konnte es geben, dass Christine in voller Lebensgröße vor mir stand? Mein Herz pochte bis zum Hals hinauf. Ich ging wortlos an ihr vorbei, löste meinen Fahrschein ein und klammerte mich, ein paar Meter entfernt, an die Haltestange. Was ging da nur vor sich? Es hieß doch, dass Christine nach Weißwasser gezogen sei. Was machte sie dann in diesem Bus? Obwohl der „Ikarus", übrigens ein Import aus Ungarn, bis auf den letzten Stehplatz gefüllt war, gelang es mir immer wieder, einen Blick zu erhaschen, während sie aus dem Fenster schaute. Wie schön sie doch war! Mein Puls war in die Höhe geschossen – und ich fürchtete den Moment, an dem sie zu mir hinüberschauen würde. Zwei Haltestellen später verließ sie Gott sei dank den Bus.

Ich wusste inzwischen wie alt sie ist, dass sie sicher auch in der zehnten Klasse sein müsste – und dass sie nun ausgestiegen war, hatte nur eins zu bedeuten: Sie musste in die Schule. Und das wiederum hieß: Sie wohnt noch in Stendal. Aber warum hatte die alte Frau behauptet, dass ihre Familie nach Weißwasser gezogen war? Rätsel über Rätsel.
Meine Aufregung legte sich wieder, als Christine den Bus verlassen hatte. Einerseits war ich erleichtert, dass sie mich offenbar nicht bemerkt hatte, andererseits ärgerte ich mich über meine Feigheit. Warum nur hatte ich sie nicht angesprochen? Einen solchen Schock muss man aber auch erst einmal überwinden, dachte ich mir, und fragte mich pausenlos, warum sie in diesem Bus war. Eins aber war klar: So

hoffnungslos die Lage eben noch schien – jetzt hatte ich alles wieder selbst in der Hand. Sozusagen.

In der Schule war ich an diesem Tag überhaupt nicht bei der Sache. Was aber ausnahmsweise mal nicht meiner Faulheit geschuldet war. Ich musste ständig an Christine denken, an die verpasste Gelegenheit einer ersten Kontaktaufnahme. Statt den Ausführungen der Lehrer zu folgen, starrte ich nur aus dem Fenster. Ich war 16 und so verknallt, wie es nur ein Teenager sein konnte. Und sie? Hatte sie mich im Bus erkannt? Fragen, die sich nur beantworten ließen, wenn ich den Mut aufbringen würde, Christine anzusprechen. Aber wann, wie und vor allem wo? Das Problem sollte sich von selbst erledigen. Denn, so dachte ich damals, wenn es eine himmlische Kraft geben würde, dann würde Christine meinen Weg noch einmal kreuzen. So geschah es auch. Am nächsten Tag.

Gegen Mittag hatten wir Schulschluss. Wie immer, seitdem wir im September 1983 zum Stadtsee gezogen sind, fuhr ich mit dem Bus nach Hause. Als er in die Stadtseeallee einbog, die damals noch Otto-Grotewohl-Allee hieß, hatte ich Christine bereits entdeckt. Der Bus hielt, Christine stieg ein – und ich stand auf. Ich ging auf sie zu – ein Zurück gab es jetzt nicht mehr. „Hallo", flüsterte ich mit zitternder Stimme. Sie wirkte keineswegs überrascht, als ich sie angesprochen hatte und erwiderte meinen Gruß, wie es nun mal in der 80er-Jahren üblich war. Mit einem freundlichen „Hallo" eben. Damals sprachen wir noch deutsch. Jetzt hatten Christine und ich schon mal ein Wort miteinander gewechselt.
Sollte ich ihr beichten, dass ich sie gesucht hatte? Natürlich nicht. Ich verlor auch kein Wort darüber, dass sie mir, ohne

dass sie es wahrscheinlich ahnte, den Kopf verdreht hatte. „So sieht man sich wieder", versuchte ich, gelassen zu wirken. „Ja, was machst du in diesem Bus?", fragte sie. Ja? Dann hatte sie mich also bereits zur Kenntnis genommen. Ich erzählte ihr, dass wir vor einem halben Jahr in die Artur-Becker-Straße gezogen sind, und dass es sich nicht mehr gelohnt habe, noch einmal die Schule zu wechseln. Ich hatte noch immer das Gefühl, dass meine Stimme zitterte, während sie mich mit ihren wunderschönen Augen ansah.

Der Bus steuerte die Haltestelle in der Juri-Gagarin-Straße an und ich zerbrach mir den Kopf darüber, wie Christine wohl auf meine Einladung reagieren würde. „Und du, hattest du auch Schule", fragte ich. Natürlich kam sie aus der Schule, woher sollte sie sonst kommen! „Musst du hier nicht aussteigen", fragte sie. Dann hatte sie mich also doch gestern bemerkt! „Ja, eigentlich muss ich hier raus. Aber wenn du einverstanden bist, würde ich dich gern nach Hause begleiten", tastete ich mich langsam vor. Wenn jetzt ein „Nein" käme, hätte ich wahrscheinlich die Notbremse gezogen und wäre schamerrötet aus dem Bus geflüchtet. Ich staunte nicht schlecht, als sie sagte: „Wenn du willst, gern." Jaaaaaa!
Wie eine Katze mit ihren samtweichen Pfoten geräuschlos auf Mäusejagd geht, schlich ich mich an meine Maus heran.
Der Bus hielt an der Endhaltestelle in der Kurtschatow-Straße, wir stiegen aus und ich spielte weiterhin meine Paraderolle – die des unheimlich coolen Zehntklässlers. „Was machst du denn heute noch so", markierte ich den Ahnungslosen. „Ich gehe heute Nachmittag zu meiner Freundin. Und du?" „Ich treffe mich nachher auch noch mit Freunden zum Schach spielen. Aber eigentlich wollte ich dich etwas anderes fragen."

Jetzt schaute sie mich wieder so an wie vor zwei Wochen bei der Meisterschaft. Innerlich bebte ich vor Aufregung. „Was wolltest du fragen?", hakte sie nach. Und als ich die Worte, die ich sagen wollte, endlich sortiert hatte, platzte es aus mir heraus: „Ich wollte fragen, ob du mit mir ins Kino gehst." Und Sekunden kamen mir vor wie Stunden.

Es gibt Momente im Leben, an die erinnert man sich, bis man vor seinem Schöpfer steht. Als ich Christine die entscheidende Frage stellte, ahnte ich, dass ich in diesem Moment Geschichte geschrieben habe. Meine eigene. Ohne natürlich zu wissen, wie sie ausgehen wird. „Was haben wir heute?", überlegte sie. „Dienstag. Den ganzen Tag lang", versuchte ich meine Nervosität mit ein wenig Humor zu überspielen. Sie musste ja nicht gleich bemerken, dass in meinem Herz und Hirn das völlige Chaos herrschte. „Ja, okay, heute abend?!" Hatte sie etwa zugestimmt? Ich konnte es kaum glauben. Da hatte ich Himmel und Hölle in Bewegung gesetzt, um sie zu finden, verfiel in tiefsten Liebeskummer, als ich sie in der Oberlausitz wähnte. Und jetzt geht sie tatsächlich mit mir aus? „Ich hole dich halb acht ab. Ist das recht?" „Ja, das ist gut." „Also dann bis heute Abend." „Bis später."

Ich versuchte so schnell wie möglich, aus Christines Blickfeld zu verschwinden. Ich flitzte nach Hause und war so gut gelaunt wie seit Wochen nicht mehr. Aber Moment mal! Warum wohnte Christine in der Kurtschatow-Straße, ganz im Westen des Neubaugebietes. Quasi im letzten Block, wo sich zwar nicht Fuchs und Hase gute Nacht sagen, aber der Kontrast zwischen sozialistischem Wohnungsbauprogramm, der Kollektivierung der Landwirtschaft und mit Unkraut übersätem Brachland atemberaubend war. Der Doktor und ich – wir hatten doch in einer ganz anderen Straße nach ihr geforscht. Und offenbar hatte sie dort ja auch noch bis vor kurzem gewohnt. Ob da etwas faul war im Staate DDR? Sicher gab es eine ganz plausible Erklärung. Zuhause angekommen, aß ich ein paar Happen und machte mich wieder aus dem Staub. Mama wunderte sich nur: „Habt ihr keine Hausaufgaben auf?" „Die mache ich nachher", schwindelte ich. Am liebsten hätte ich ihr zugerufen: „Dein Sohn ist bis über beide Ohren verliebt." Mama war schließlich auch mal jung. Papa, von Beruf Maurer, schuftete noch im VEB Gebäudewirtschaft, während sein Sohn geradewegs in sein Glück lief. Oder? Übrigens: Papa war ja auch nur ein Mann, und konnte Heikes Figur nicht gerade etwas Positives abgewinnen. Obwohl sie schlank war – aber der Hintern sagte Papa überhaupt nicht zu. Das hat er mir mal Jahre später erzählt.

Ein paar Minuten später war ich beim Doktor in der Straße der Oktoberrevolution angelangt. „Stell dir vor, was passiert ist", überfiel ich ihn, während ich noch die letzten Stufen der steinigen Treppe emporstieg. „Ich habe sie gesehen. Ich gehe heute mit ihr ins Kino." Der Doktor wusste natürlich, wer gemeint ist. Allerdings brauchte er schon einige Sekunden, um meinen Euphorie-Ausbruch geistig einzuordnen. „Wie das denn? Sie ist doch weggezogen", versuchte er Licht in das Liebes-Dunkel zu bringen. Ich erzählte dem Doktor alles haarklein: vom Bus, von der Schule, davon, dass ich sie heute getroffen und angesprochen habe. Und natürlich auch davon, dass Christine meine Einladung angenommen hat. Er gab den Gast-Spruch zum Besten, schüttelte ungläubig den Kopf und

nahm erst einmal einen kräftigen Schluck aus der Milchflasche.
Milch war für den Doktor ein Lebenselixier. Während sich Gleichaltrige an Vita-Cola, Carina, der 20-Pfennig-Brause (mit den gesundheitlich unbedenklichen Flocken, die darin umherschwammen) oder Chico labten, setzte der Doktor auf das Laktose-Erzeugnis. Seit ich ihn kannte, hing er an der Milchflasche. Nicht ohne Erfolg: Er entwickelte sich zu einem gesunden und kräftigen jungen Mann. Ich war zu jener Zeit ein schmales Handtuch – und bedauerte es manchmal, niemals dem Klub der anonymen Milchtrinker beigetreten zu sein. Jahrelanger Konsum von flüssigen Produkten Landwirtschaftlicher Produktionsgenossenschaften macht aus einem Halbwüchsigen eben keinen Milchbubi, sondern lässt das Kreuz überproportional wachsen.

Ich war immer noch fix und fertig darüber, dass Christine meine Einladung angenommen hatte. Aber was noch viel schlimmer war: Ich brauchte für den Abend unbedingt eine „Anstandsdame". Zu groß war meine Furcht davor, kein Wort herauszubringen oder pausenlos zu stottern. Was lag da also näher, als den Doktor zu fragen, ob er mitkommen will. Weil wir uns schon zwei, drei Jahre kannten, wusste ich, dass er meine Bitte nicht ausschlagen würde. Er platzte geradezu vor Neugier, wie sich die Geschichte zwischen Christine und mir weiterentwickeln würde.
Vom Weiterentwickeln waren Christine und ich noch meilenweit entfernt. Aber als 14-Jähriger macht man sich seine eigenen (und vielleicht auch ersten) Beziehungsgedanken. Der Doktor – zwei Jahre jünger als ich – hatte Stimmbruch und Pubertät gerade hinter sich gebracht,

da war für eine Freundin noch kein Platz. Obwohl er sich schon einmal verliebt hatte. Aber die Angebetete wohnte nicht in Stendal, sondern rund 180 Kilometer entfernt. Da hatten die Knospen einer ersten zarten Liebe keine Chance, aufzugehen. Sie hatte ihm damals schöne Augen gemacht – und nach ein paar Tagen war es um den Doktor geschehen.

Bodo und Schwarzi waren immer noch Single, oder, wie wir damals sagten „solo". Allerdings hatte Bodo immer damit geprahlt, schon einmal mit einem Mädchen geschlafen zu haben, das alle nur „Federvieh" nannten. Zum Glück habe ich Federvieh nie zu Gesicht bekommen. Bodo musste halt nehmen, was kommt. Die Natur hatte es mit ihm auch nicht sonderlich gut gemeint. Und welches Mädchen verliebt sich schon in einen Jungen, dessen Hände ständig schweißbenetzt waren und dessen Fingerfarbe von übermäßigem Nikotinkonsum zeugte. Außerdem setzte Bodo nicht gerade Prioritäten in Sachen Körperpflege.

Der Doktor brannte natürlich darauf, mit Christine und mir ins Kino zu gehen. Ich setzte natürlich voll auf Risiko. Denn ich konnte nicht ahnen, wie Christine reagiert, wenn aus dem erhofften Kuschelabend vor der Leinwand stocklangweilige Stunden sinnlosen Gelabers über Schach und andere Krankheiten würden. Im Kino war „Startrek" angekündigt, und ich war mir sicher, dass Kirk, Mr. Spock, Pille und Scotti Amors Pfeil schon zu den richtigen Koordinaten beamen würden.
Während ich der Vorstellung entgegenfieberte, erwachten meine Freunde wieder – die Schmetterlinge. Ich war den ganzen Nachmittag über nicht in der Lage, irgendetwas

Vernünftiges zu tun, geschweige denn Hausaufgaben zu erledigen. Und so verbrachte ich die Zeit bis zum Abend an dem Platz, dem ich die Liebe meines noch so jungen Lebens zu verdanken hatte: am Schachbrett.

Ich hatte mir ein wenig Ablenkung erhofft, aber die konnte mir selbst das königliche Spiel nicht verschaffen. Vielmehr beschäftigte mich die Frage aller Fragen: Was ziehe ich an? Nachdem ich sogar meine Eltern konsultiert hatte, die mir zu einem blumenbestickten Pullover rieten, entschloss ich mich zu einer hellen Hose, modisch kombiniert mit einem hellen Hemd. Bei den Schuhen blieb mir die Qual der Wahl erspart – ich hatte ja nur ein Paar. Auch mein Fundus an Jacken war überschaubar: eine für den Winter, eine für den Sommer. Im Frühling und im Herbst entschied ich mich spontan – je nach Witterung.

Kurz vor halb acht klingelte ich bei Christine. Es dauerte keine fünf Sekunden bis sie mir die Tür öffnete, mich nicht einmal richtig ansah, und sagte: „Moment! Ich komme gleich." Natürlich hatte ich gesehen, dass sie noch nicht ausgehfertig war – und so fügte ich mich in mein Warteschicksal. Ich war so verliebt, ich hätte sie auch ausgeführt, wenn sie in Lumpensäcken gehüllt gewesen wäre. Nach unerträglich langen zehn Minuten öffnete sich die Tür – und mir entfleuchte ein „Wow". Selbstverständlich wusste ich mit meinen 16 Jahren schon, dass Frauen unheimlich auf Komplimente abfahren. Und so fügte ich meinem Spontanausbruch noch hinzu, dass sie umwerfend aussehen würde. Was ja auch nicht gelogen war.

Aber da war ja noch der Haken mit dem Doktor, von dem Christine noch nichts ahnte. Würde sie auf den Hacken kehrt machen, wenn ich ihr sage, dass mein Kumpel mit ins Kino kommt? Eine Frage, deren Antwort ich nur erfahren konnte, wenn ich es ihr sofort beichten würde. Ich wollte es aber nicht so klingen lassen, als dass ich etwas angestellt hätte. Und schon gar nicht sollte sie denken, ich bräuchte eine „Anstandsdame". Eine Suggestivfrage, so dachte ich, würde meine Erfolgsaussichten in die Höhe schnellen lassen. Christine sollte denken, dass es das Normalste der Welt wäre, seinen Kumpel mit zu einer Verabredung zu nehmen.

„Du hast doch nichts dagegen, dass mein Kumpel mitkommt, oder?", fiel ich mit der Tür ins Haus. „Nein, natürlich nicht", entgegnete sie, ohne eine Miene zu verziehen. Ich kam mir so dumm vor in diesem Augenblick. Ich hatte dieses Mädchen, in das ich mich verliebt hatte, ins Kino eingeladen, und dann habe ich nichts besseres zu tun, als meinen Kumpel mitzunehmen. Und Christine störte das nicht im geringsten. Und wenn doch, dann ließ sie es sich nicht anmerken. In puncto Romantik musste ich als 16-Jähriger eben noch viel lernen. Aber wie sagte Mama immer: „Du hast noch dein ganzes Leben vor dir." Das ist einer jener Sätze, die von Generation zu Generation weitergegeben werden. Aber das Erwachsenwerden geschieht so schnell. Eben liegt man noch in den Windeln, und im nächsten Augenblick führt man seine erste große Liebe ins Kino.

Teil X

Zu dritt spazierten wir durch die dunklen Straßen Stendals, nur hin und wieder durchbrach ein schwacher Lichtstrahl einer „0231 – eliptische Variante" aus dem VEB Leuchtenbau Leipzig die Finsternis. Es war einer dieser perfekten Abende: Ein Hauch von Frühling, sternenklarer Himmel und das Mädchen meiner Träume an meiner Seite. Und dann natürlich der Doktor, der selbstverständlich sein Fahrrad mitgenommen hatte. Plötzlich sah ich eine Sternschnuppe. Ich weiß zwar nicht, was sich Christine in diesem Augenblick gewünscht hatte – ich wollte nur eins: Das Herz dieses Mädchens erobern. Der Kino-Besuch war zwar noch keine Eroberung, und schon gar kein Liebesschwur, aber es war ein Anfang. Dass Christine Interesse an mir zeigte, lag nunmehr auf der Hand. Und nun musste ich sie davon überzeugen, dass ich der Märchenprinz sei, der zwar nicht auf einem Schimmel dahergeritten kommt, aber zwei gesunde Beine hat, um sie ins Reich der Liebe zu entführen. Nach diesem ersten Abend, an dem wir nicht einmal Händchen hielten, waren die Voraussetzungen gegeben, aus einer flüchtigen Schachbekanntschaft zumindest eine wundervolle Freundschaft wachsen zu lassen. Fast zwei Stunden hatten wir im Kino verbracht, und ich hatte nicht im Traum daran gedacht, Christines Hand zu nehmen oder sie gar zu küssen. Ich wollte ja nichts verderben.

Wir staunten darüber, wie sich Hollywoods Produzenten das Leben auf der Erde in 250 Jahren vorstellten. Als der Film endete, natürlich in amerikanischer Manier mit einem Happy End, ließen wir unserer Fantasie freien Lauf. Wir philosophierten über die Zukunft, und hielten auch nicht mit einer jugendlich fundierten Filmkritik hinter dem Berg. Star-Trek beschäftigte uns auf dem gesamten Heimweg. Der Doktor und ich brachten Christine nach Hause. Eigentlich hätten wir den Doktor zuerst heimbringen müssen, aber ich wollte den Abend noch in einer „Männerrunde" auswerten. Statt dann den ersten zarten Kuss auszutauschen, reichte ich Christine die Hand und sagte meinen Spruch auf: „Man sieht sich." Gott, war ich blöd. Natürlich hatte mir dieser Abschied auch nicht sonderlich zugesagt – aber ich wollte gelassen wirken. Der Doktor und ich gelangten schließlich zu dem Schluss, dass ich jetzt in der Pflicht sei, meine Eroberung am darauffolgenden Sonnabend meinen Freunden vorzustellen.

Christine hatte an unserem ersten Abend erzählt, wie es sich mit dem Umzug nach Weißwasser verhielt: Ihre Mutter und die Familie ihres Onkels waren unter die Baulöwen gegangen und errichteten sich in Gablenz bei Weißwasser ein Doppelhaus. Christine blieb derweil in Stendal, weil ihre Mutter es der Tochter nicht zumuten wollte, für ein halbes Jahr die Schule zu wechseln. Noch dazu in einer fremden Stadt. Und das war eine sehr weise Entscheidung. Denn wäre Christine sofort nach Weißwasser gezogen, hätte ich sie vermutlich nie wieder gesehen. Und die einzige Erinnerung an sie wäre dieser Blick bei den Meisterschaften gewesen, der mich mein Leben lang nicht wieder losgelassen hatte.

Mir war klar, dass sich unsere Wege im neuen Schuljahr beziehungsweise schon in den Sommerferien zu trennen drohten. Ich wollte ja Süßwarenfacharbeiter in Tangermünde werden, während Christine ihr Abitur in Angriff nehmen würde. Und das auf der EOS (Erweiterte Oberschule) in Weißwasser. Dazwischen lagen 200 Kilometer Sehnsucht. Aber vielleicht gab es doch einen Weg, dass wir zusammenblieben. Doch bis jetzt waren wir ja noch kein Paar. Sondern nur zwei Jugendliche, die sich einen Film angeschaut hatten.

Mein Zimmer in der Artur-Becker-Straße war nicht gerade nach den modernsten Richtlinien sozialistischer Wohnkultur eingerichtet. Alles, was meine Eltern nicht mehr brauchten, hatte sich im Laufe der Jahre auf ein paar Quadratmetern jugendlicher Freiheit zusammengefunden. Mein „Reich" hatte die Größe einer Einzelzelle, was mich aber nicht weiter störte. In einem massiven braunen Eichenschrank, der noch aus Großmutters Zeiten stammte, befand sich neben meinen Schulsachen alles, was ich mir in 16 Jahren Erdendasein verdient hatte. Darunter auch jene Silber- und Bronze-Medaillen von den Kreis-Kinder- und Jugendspartakiaden. Gegenüber stand mein Bett, eine Koje, die ganz fürchterlich quietschte, sobald sich jemand draufsetzte. Dann gab es noch einen Tisch, der ständig kippelte, einen Drehstuhl, dem sein Drehsinn abhanden gekommen war, und einen Sessel. Eine Gardinenstange besaß ich nicht, dafür aber Gardinen sowie in hellen und dunklen Brauntönen gehaltene Übergardinen, die zugezogen wurden, wollte man nicht, dass die gesamte Nachbarschaft das Treiben im Zimmer beobachtete. Und natürlich auch dann, wenn Bodo, Schwarzi und ich mal wieder eins unserer gefürchteten Gelage veranstalteten, die mit Schach begannen und mit Weinbrand endeten.

Das waren immer harte Bewährungsproben für unsere Nieren.

Einmal hatte sich Bodo so betrunken, dass er auf den Boden fiel und sich seine letzten Mahlzeiten Unverdautes über den Teppich ergossen. Der rührte sich nicht einmal mehr. Um seine Lebensgeister zu wecken, nahmen wir ihn, legten ihn in die Wanne und duschten ihn mit kaltem Wasser ab. Der arme Kerl hätte einen Herzinfarkt bekommen können. Aber Bodo war danach wieder putzmunter. Nach der Dusche verschwand er beleidigt und ließ sich ein paar Tage lang nicht mehr blicken. Irgendwann war die Schocktherapie aber wieder vergessen. Und es wurde nicht mehr drüber gesprochen.
An jenem Märzwochenende des Jahres 1984 zeigten sich Bodo und Schwarzi aber von ihrer besten Seite.

Mit dem Doktor gab es nie Probleme – er hatte einfach keine schlechte Seite, die er präsentieren konnte. Auch dann nicht, wenn er getrunken hatte. Aber ihn hatten wir an diesem Abend nicht eingeladen. Zum einen war er erst 14, zum anderen war unser Milchvorrat sehr begrenzt.
Bodo war da schon von einem anderen Schlag. Er konnte sich nach außen hin exzellent verkaufen, hatte von vielem ein wenig Ahnung, und diskutierte leidenschaftlich gern über Dinge, die den geistigen Horizont der anderen schlichtweg überstiegen. Eine Schwäche machte ihm aber hin und wieder zu schaffen: Es gelang ihm fast nie, mit dem Trinken aufzuhören, ehe er auf die verrücktesten Ideen kam, oder sich sein Mageninhalt aus der Körperöffnung entleerte, in die er hineingekommen war.

Aber auf Schwarzi musste man ständig acht geben. Er war ein ruhiger und schüchterner Typ, der sich in nüchternem Zustand niemals getraut hätte, ein Mädchen, das ihm gefiel, anzusprechen. Viele Körbe hätte er sicher nicht bekommen. Er war groß, hatte rabenschwarze Haare, die er immer modisch trug und war von Kopf bis Fuß elegant gekleidet. Aber seine Schüchternheit und der Teufel Alkohol durchkreuzten immer wieder seinen Plan, sich einem paarungsbereiten Weibchen zu nähern. Wenn Schwarzi seinen Pegel erreicht hatte – und kein Mädchen in Sicht war – mutierte er mitunter zum akrobatischen Volkstänzer, der uns zeigte, wie gut er doch die Bewegungsabläufe des kapitalistischen Freizeitimports „Breakdance" beherrschte.

Sprachen wir zu jener Zeit fast an jedem Wochenende dem Alkohol zu, reichte das Schwarzi mit der Zeit nicht mehr. Sein Körper war zunehmend auf die Droge angewiesen, sodass er auch unter der Woche nicht nur ein Feierabendbierchen genoss, sondern zunehmend auch Feierabendweinbrand und Feierabendwodka. Und das fast täglich. Aber soweit war es damals noch nicht – Schwarzi war ja noch keine 20.
Die beiden waren gespannt wie Flitzebögen, was ich mir da wohl angelacht hatte. Sie reichten Christine zur Begrüßung artig die Hand, drückten sich immer wieder sehr gewählt aus und konnten ihren Blick gar nicht mehr von ihr abwenden. Unsere kleine Feier begann eher langweilig und ich befürchtete schon das Schlimmste.

Bodo hatte es sich auf dem Sessel bequem gemacht, Schwarzi auf dem Stuhl, Christine und ich sitzend (!) auf dem Bett. Nachdem das erste Bier den Weg durch unsere Kehlen gefunden hatte, begann Bodo zu plaudern. Christine imponierte offenbar seine Selbstdarstellungsshow. Sie hatte natürlich keine Ahnung davon, dass sich Bodo wieder die

Maske des Weltverstehers aufgesetzt hatte. Christine war ja sehr intelligent – und sie und Bodo stellten so ziemlich alles in Frage, was die moderne Wissenschaft bis dahin an Erkenntnissen hervorgebracht hatte. Währenddessen griff Schwarzi immer häufiger zu Bier und Goldkrone. Sein Ziel hatte er klar vor Augen: sich wieder einmal sinnlos zu betrinken. Da hatte ich mir aber etwas eingebrockt.

Zuerst Bodo, der versuchte, Christine mit irgendwelchen selbstgetrickten absurdesten Theorien einzuwickeln – und dann Schwarzi, in dessen Augen sich zunehmend das Verlangen nach einem Abenteuer wiederspiegelte. Er starrte Christine immer häufiger an, allerdings ohne etwas anzustellen.
Ich spürte, dass mir nicht mehr viel Zeit blieb, um meinen entscheidenden Angriff zu starten. Ich stieß noch einmal mit Bodo, Schwarzi und Christine an. Dann war es geschafft. Meine vernebelten Sinne raubten mir die Schüchternheit. Ich legte meinen Arm um Christine, was damals schon fast einer Verlobung gleichkam. Sie rückte näher an mich heran. Und vor allem: Sie stellte keine Fragen wie „Was soll denn das jetzt werden?". Eine Frage übrigens, auf die mir bis heute keine vernünftige Antwort eingefallen ist.
Christine war klug genug, um zu wissen, was diese Aktion bezweckte. Und ich wollte meinen Arm nie wieder von ihr nehmen. Aber um ihr den ersten Kuss zu geben, brauchte ich noch einmal zwei Gläser Weinbrand.
Irgendwann waren Bodo und ihr der Gesprächsstoff ausgegangen. Und ich merkte, dass meine Stunde gekommen war. Ich hatte noch immer meinen Arm um sie gelegt, drehte ihren Kopf sanft in meine Richtung – und küsste sie. Christine

empfand meine Annäherungsversuche alles andere als aufdringlich – und küsste zurück!

An diesem Abend trank ich nichts mehr – und rettete wahrscheinlich einigen Tausend meiner Gehirnzellen das Leben. Ich wollte meine Eroberung ja nicht gleich wieder verlieren, wenn ich sturzbetrunken ins Bett fallen würde. Außerdem musste ich Christine nach Hause bringen.
Und: Bodo und Schwarzi traute ich schon gar nicht über den Weg. Schwarzis Zustand befand sich hart an der Grenze zur Alkoholvergiftung, und Bodo hatte offensichtlich auch Gefallen an Christine gefunden. Er hätte zwar keine Chance bei ihr gehabt, aber sicher ist sicher. Dachte ich mir. Schließlich war das Mädchen ja auch nicht mehr ganz nüchtern. Das hätte Bodo aber nicht gestört.
Nach dem ersten Kuss waren wir nun offiziell ein Paar. Das war damals so. Christine war jetzt mein Mädchen und ich ihr real existierender Märchenprinz, der zwar keine Thronbesteigung in Aussicht, aber offenbar ihr Herz entflammt hatte. Da spielte es auch keine so große Rolle, dass ich nicht auf einem Schimmel dahergeritten kam, sondern nur auf einem klapprigen Minifahrrad, bei dem alle hundert Meter die Kette versagte.

Als ich es für angemessen hielt, löste ich unsere kleine Runde auf. Ich brachte Christine nach Hause, wir tauschten zum Abschied Zärtlichkeiten aus und verabredeten uns für den übernächsten Tag. Zurück in der Artur-Becker-Straße legte ich mich ins Bett und träumte von meinem Mädchen.
Während der nächsten Tage sah ich Christine nicht oft. Ich wollte diese Beziehung langsam angehen. Außerdem wollte

ich meine Freunde nicht hängen lassen, nur weil ich jetzt ein Mädchen hatte. Als ich mit Heike zusammen war, hatte sich dieses Dilemma gar nicht erst ergeben. Immer wenn wir unsere Herrenabende veranstalteten, war sie mit dabei – sie war eben Schwarzis Schwester. Als ich mit ihr zusammenkam, war mein Verhältnis zu Schwarzi anfangs ein wenig angespannt. Ich weiß nicht, warum, aber ich hatte immer das Gefühl, dass es dem Langen nicht recht sei, dass ich mit seiner Schwester ging.

Manchmal kam ich schon ein wenig durcheinander, wen ich denn eigentlich besuchen wollte. Schwarzi, meinen Kumpel, oder Heike, meine Freundin, die ja beide noch Zuhause wohnten. Später hatte ich ein System entwickelt, sodass es mir nie wieder passierte, versehentlich ins falsche Zimmer zu gehen.

Als Heike dann einen Schlusstrich unter unsere Beziehung zog, machte ich zum ersten Mal die Erfahrung, dass eine Trennung richtig weh tun kann. Ich flehte sie an, uns noch eine Chance zu geben – aber nichts auf der Welt, und am wenigsten ich, konnte sie umstimmen. Zum Teufel mit meinem Stolz! Ich bettelte – aber Heike blieb hart. Dabei wollten wir doch immer zusammenbleiben. Aber so spielt das Leben manchmal. Viel zu oft wird geschworen, obwohl die Schwüre blanke Lügen sind. Am meisten aber wird in Beziehungen gelogen. Als ich einen letzten Versuch startete, Heike umzustimmen, ging sie gerade mit ihrer Mutter aus dem Haus. Was mich aber nicht davon abhielt, ein allerletztes Mal auf Heike einzureden. Ich war wohl auch ihrer Mutter gegenüber etwas patzig, die mir schließlich deutlich zu verstehen gab, dass sie mit mir auf der Straße nicht auf einer Höhe gehen möchte.

Der Knockout mit Heike – es war für einen 16-Jährigen einfach ein GASU. Ein größter anzunehmender seelischer Unfall. Es war Ende Januar 1984 und ich konnte noch nicht ahnen, dass mir Heike schon in einigen Wochen völlig egal sein würde. Jedenfalls habe ich damals auch angefangen, stark zu rauchen. Reichte eine Packung Kippen bisher fast eine Woche, kam ich jetzt nur noch einen Tag mit derselben Menge aus.

Einmal habe ich sogar einen Abschiedsbrief geschrieben. Natürlich war der nicht ernst gemeint, und so versteckte ich ihn auch in meinem Schrank, tief unter meinen Schulsachen. Am Tag danach rief meine Mutter in der Schule an und erkundigte sich, ob ich denn zum Unterricht erschienen sei. Natürlich war ich das! Herr Rossow zog mich dann erst einmal beiseite und erteilte Nachhilfeunterricht im Fach Beziehungen. Natürlich musste er nicht bei den Blumen und Bienen anfangen. Wie das funktioniert, hatte ich ja schon im Bio-Unterricht erfahren. Aber er meinte, dass ich schon wieder eine Freundin finden würde, dass das Leben weitergeht und dass es manchmal nicht ganz unkompliziert laufen würde zwischen Männlein und Weiblein.

Christine war etwas ganz Besonderes. Seit ich sie das erste Mal sah, hatte ich das Gefühl, wir wären durch ein unsichtbares Band miteinander verbunden. Es machte mir zunächst auch wenig aus, dass wir uns nicht jeden Tag sahen. Ihr Herz hatte ich ja sicher, meinte ich jedenfalls. Dass Liebe aber ein komplexer Prozess zwischenmenschlicher Beziehungen, und mehr, als das gegenseitige Befeuchten der Lippen ist, wusste ich damals noch nicht. Ich spürte aber, dass Christine das Mädchen meines Lebens sei, ohne

Beziehungslügen und Schwüren, die später nichts mehr wert sein würden. Was mich an Christine besonders beeindruckte, waren ihre Intelligenz und ihre Fröhlichkeit. Sogar meine schlechten Witze brachten sie immer zum Lachen.

Ich wollte unbedingt Fehler in der ersten Zeit unseres Zusanmmenseins vermeiden, schließlich wollte ich sie ja nicht gleich wieder verlieren. Aber mitunter ist man so darauf bedacht, nichts falsch zu machen, dass man erst recht Fehler begeht. Bei mir war es die Zurückhaltung, die mir fast mein Mädchen genommen hätte.
Eines Tages holte mich Christine vom Schachtraining ab. Sie war etwas anders an diesem Tag. Ich fühlte, dass sie irgendetwas bedrückt. Und aus irgendeinem Grund – mag es Instinkt gewesen sein – fasste ich sie nicht wie sonst an der Hand. Als wir uns durch die Wohnblocks unserer Satellitenstadt Stadtsee schlängelten, erweckten wir nicht gerade den Eindruck, ein Liebespaar zu sein. Monate später gestand mir Christine, was sie damals so bedrückt hatte.

Einen Tag zuvor war sie bei einer Freundin zum Geburtstag eingeladen. Natürlich wurde auch ein wenig Alkohol aufgetischt. Auf der Feier lernte sie einen Jungen kennen und verbrachte mit ihm den ganzen Abend. Sie hätten sich auch geküsst, mehr sei aber nicht paasiert, versicherte sie. Und ich? Ich verzieh ihr. Es brach mir zwar fast das Herz, als sie mir die Geschichte erzählte, aber zu dem Zeitpunkt waren wir schon ein paar Monate zusammen. Inzwischen hatte Christine den Märchenprinzen in mir ausgemacht. Aber kann man einem Menschen jemals wieder vertrauen, der einen – sagen wir es mal deutlich – hintergeht? Wusste ich bisher noch nicht einmal, wie man Eifersucht schreibt, manifestierte sich zunehmend das Bild in meinem Kopf, wie Christine diesen einen anderen Jungen küsst. Und dabei hatte ich noch nicht einmal eine Ahnung davon, wie der überhaupt aussieht.

Ich konnte es nicht verstehen, aber ich konnte es nachvollziehen, warum sich Christine mit diesem Jungen abgegeben hatte. Wir waren zu diesem Zeitpunkt zwar ein Paar, aber das Band unserer Liebe war noch sehr dünn. Konnte sie sich überhaupt sicher sein, dass ich es ernst mit ihr meinte? Klar, ich war mir sicher. Aber wenn ich ganz ehrlich bin: Meine Freunde haben mir damals, Anfang/Mitte März 1984 mehr bedeutet, als die Eroberung eines Mädchens. Zumindest verbrachte ich noch immer viel Zeit mit ihnen.
Und Christine war verwirrt. Sie hatte plötzlich die Wahl zwischen zwei Jungen – und entschied sich für mich. Ich habe keine Ahnung, ob sie diesen Jungen jemals wiedergesehen hat. Aber welche Chance hätte diese Beziehung gehabt?
Christine war noch so jung und unschuldig. Ihre Gefühlswelt war völlig durcheinander geraten. Dass sie sich letztlich für mich entschieden hatte, bedeutete nur eins: Sie war dabei, sich in mich zu verlieben. Die Knospe der Liebe war aufgesprungen.

Obwohl ich damals noch nichts von dem anderen Jungen wusste, fasste ich einen für unser Leben einschneidenden Beschluss: Die Zeit war reif, Christine öfters zu sehen. Und wenn es auch nur für ein paar Stunden am Tag sein würde, sie sollte mich besser kennenlernen.
Natürlich konnten meine Freunde mein plötzliches Desinteresse überhaupt nicht verstehen. Sie hatten ja auch

keine Freundin, wussten weder, was Sehnsucht ist, noch hatten sie davon eine Ahnung, wie es sich anfühlt, jemanden, den man abgöttisch liebt, zu vermissen.

Es dauerte keine zwei Wochen, da ging Bodo, Schwarzi und dem Doktor ein Licht auf, dass jemand aus ihrer Mitte fehlen würde. Ich merkte, dass sie hinter meinem Rücken tuschelten. Sollten sie doch!

Teil XI

Noch bevor ich davon ausgegangen war, dass Christine nicht mehr in Stendal wohnen würde, hatte ich meinen Verein Lok verlassen und suchte dort eine neue schachliche Heimat, wo ich das Mädchen meiner Träume vermutete – in der finstersten Ecke des schummrigen Spiellokals beim TuS Wahrburg am Schachbrett sitzend. Einige meiner ehemaligen Vereinskameraden nahmen mir den Wechsel sehr übel. Es waren gerade die, die etwas zu sagen hatten und zu den führenden Köpfen im Kreisfachausschuss Schach gehörten. In diesem Gremium waren die drei Vereine des Landkreises, Lok Stendal, TuS Wahrburg und Empor Tangermünde, mehr oder weniger vereint. Dennoch konkurrierten besonders Lok und TuS immer wieder miteinander. Dabei war Lok klar die Nummer eins, spielte eine Liga höher – und hatte einfach die besseren Leute. Obwohl der eine oder andere auch bei TuS nicht auf den Schachkopf gefallen war. Bei den Kreismeisterschaften gelang es immer mindestens einem TuS-ler, sich im Spitzenfeld zu platzieren. Aber wo haben diese Leute das Schach-Abc gelernt? Natürlich bei Lok.

Der Kreisfachausschuss, genannt seien hier nur Herr Müller und Ralf Seibicke, der nach der Wende eine Karriere als Präsident des Landesrechnungshofes in Sachsen-Anhalt hinlegte, reagierten auch prompt. Und so musste ich das Urteil hinnehmen, wie es gesprochen war: ein Jahr Sperre für sämliche Punktspiele im Männer- und Jugendbereich! Meine Schachkarriere, die gerade erst begonnnen hatte, schien schon wieder beendet. Zumindest für die kommenden zwölf Monate. Bodo, Schwarzi und der Doktor waren bei Lok geblieben. Ich war schon ein wenig neidisch, wenn die drei von den Erlebnissen und dem neuesten Klatsch und Tratsch im alten Verein berichteten. Während bei Lok um die 15 Jugendliche ständig miteinander im Wettkampf standen, ging es beim TuS ruhiger zu. Die ganze Atmosphäre hatte mit der beim Nachbarverein herzlich wenig zu tun. Bei Lok amüsierten sich Halbstarke, und die, die es werden wollten, hauptsächlich beim Blitzschach. Die Wahrburger dagegen saßen nachdenklich an den Tischen, grübelten angestrengt über den nächsten Zug und ließen das Schachbrett kaum einen Moment aus den Augen. Das war nicht meine Welt. Ich hatte mich da nie richtig wohl gefühlt.

Christine hatte natürlich bemerkt, dass ich beim TuS nicht glücklich war. Das beschäftigte sie auch. In den zurückliegenden Tagen und Wochen hatte ich ihr Herz endgültig erobert und schwebte auf Wolke sieben. Ich bekam weiche Knie, wenn sie mich ansah, ich schwieg manchmal minutenlang, während ich sie anschaute, um ihr dann einen zärtlichen Kuss zu geben. Ich liebte sie mit dem Spiegel meiner Seele, die aufgewühlt war wie das Meer in einem Orkan der Leidenschaft.
Und so sagte sie eines Tages: „Komm, lass uns heute Abend zu Lok gehen." So war sie, immer um mein Wohl bedacht. Sie wusste, dass sie mir aus dem Herzen sprach – und für mich war dies eine wohl einmalige Gelegenheit, mit denen Frieden zu schließen, die ich enttäuscht hatte. „Meinst du wirklich", fragte ich ungläubig zurück. „Ich glaube, ich traue mich da gar nicht mehr hin." „Wird schon nicht so schlimm. Ich komme doch mit", versuchte sie mir die Angst zu nehmen. Gesagt, getan. Da musste ich jetzt durch. Heutzutage hätte ich

vermutlich anders reagiert, würde darauf bedacht sein, mein Gesicht zu wahren und die Trainingsmethoden der Wahrburger schönreden. So aber machte ich mich auf, zum Gang nach Canossa. Ich musste zwar kein Büßerhemd tragen wie seinerzeit Heinrich IV. und tagelang auf Einlass warten, doch in meiner kleinen Welt war diese beabsichtigte Rückkehr mindestens genauso bedeutend wie der Ritt Heinrichs über die Alpen, um bei Papst Gregor Abbitte zu leisten.

Abends holten Christine und ich zuerst den Doktor, dann Schwarzi und schließlich Bodo ab. Ich hatte es am Nachmittag schon durchsickern lassen, dass ich wieder bei Lok anheuern wolle. Aber so richtig geglaubt hatte es mir niemand. Besonders des Doktors ungläubiges Gesicht verwandelte sich in pures Erstaunen, als wir halb sieben vor seiner Tür standen. Er konnte es noch gar nicht fassen, dass ich wieder in meine schachliche Heimat zurückkehren wollte. Es war schließlich der Verein, in dem wir uns kennengelernt hatten, in dem ich meine erste Partie gegen ihn gespielt hatte. Der Verein, in dem aus mittelmäßig schlechten Schachspielern Freunde wurden.
Der Doktor hatte natürlich – wie sollte es auch anders sein – sein Fahrrad dabei. Damals hätte es mir eigentlich schon dämmern müssen, dass er eines Tages der Mobilste von uns sein sollte. Im real existierenden Sozialismus war mein Freund der erste und einzige, der ein Moped besaß. Als er volljährig wurde, stieg er aufs Motorrad um (eine MZ 125), das er liebevoll Rosi nannte. Für sein Fahrrad hatte er sich keinen Namen einfallen lassen.

Der Weg von Bodo zum Schachverein war ein gehöriger Fußmarsch. Eine halbe Stunde würde es dauern, bis wir die

Schachbretter, die die Welt für uns bedeuteten, erreichen. Eine halbe Stunde, die mir wie eine Ewigkeit vorkam. Was würden meine Vereinskameraden sagen, wenn ich aufkreuze? Christine drückte immer wieder meine Hand, als wollte sie sagen: „Wird schon alles gut."
Der Doktor wäre sicher ein guter Journalist geworden, hätte er sich in der Schule mehr angestrengt. Sein Bestreben, seine Mitmenschen mit den aktuellsten Neuigkeiten zu versorgen, war beeindruckend. Diesen Drang konnte er auch an jenem Abend nicht unterdrücken. Während wir weiter in Richtung Trainingsstätte marschierten, pendelte der Doktor mit dem Rad immer zwischen uns und dem Vereinslokal. Er erzählte dort, dass wir gleich eintreffen würden, berichtete hier, was die Vereinskameraden gesagt hätten. Eigentlich war es ja nicht schlecht, dass die anderen schon wussten, wer sie an diesem Freitag im RAW-Kultursaal aufsuchen würde. Dann müsste ich wenigstens keine dümmlichen Fragen beantworten. Und Rede und Antwort stehen für Dinge, die nur mich und mein Mädchen etwas angingen.

Der Doktor, der gerade der pubertären Spätphase entschlüpft war, hatte seine wahre Freude an dem Wechselspiel, konnte er doch nie wieder so viele Exklusivnachrichten wie an diesem Abend verbreiten. Bodo und Schwarzi machten sich über sein emsiges Treiben lustig.
Irgendwann erreichten wir dann tatsächlich die Trainingsstätte. Der Doktor hatte sich schon fünf Minuten nicht mehr blicken lassen. Das konnte nur bedeuten, dass es keine Neuigkeiten mehr gab und alle bestens im Bilde darüber waren, was geschehen sollte.
Das Schachtraining bei Lok fand im RAW-Kultursaal statt, im

Volksmund Eisenbahner-Schuppen genannt. Die Arbeiter des Bahnwerkes trafen sich hier zu Versammlungen von Partei und Gewerkschaft. Jedes Jahr fand in den Räumlichkeiten auch eine Weihnachtsfeier statt, bei der sich die Kinder der Angestellten von Knecht Ruprecht Blockschokolade, Knusperflocken oder eine Schlager-Süßtafel aus der sozialistischen Süßwarenproduktion schenken ließen.
Wenn dann doch mal keine Veranstaltung auf dem Plan stand, duften die Schachspieler ihrem Hobby frönen. Was nicht selten dazu führte, dass das Training ohne Vorwarnung ausfiel und man wie ein begossener Pudel vor verschlossener Tür stand. Aber nicht an diesem Freitag. Obwohl ich es insgeheim gehofft hatte.

Der Doktor empfing uns schon am Tor. Er wollte um nichts auf der Welt diesen Augenblick verpassen, wenn wir in der Tür standen und uns Dutzende Augenpaare mustern würden. Mich beschlich plötzlich ein Gefühl des Unwohlseins. Mir war so übel, dass mir schwindlig wurde.
Bodo und Schwarzi waren schon vorgegangen, stellten wahrscheinlich schon die Figuren auf, um sich wieder einmal bis zur völligen Erschöpfung zu duellieren. Für Bodo stellten Siege im Schach einen Gegenpol zu seinem Versagen im Leben dar. Und Schwarzi war immer unheimlich stolz darauf, wenn er es wieder einmal geschafft hatte, seinen alten Schulfreund zu bezwingen. Auch der Doktor war inzwischen verschwunden. Und so stand ich mit Christine allein vor der Tür. „Wird schon gut gehen", ermutigte sie mich. „Der erste Schritt ist immer der schwerste", entgegnete ich. Sie hatte ja keine Ahnung davon, dass ich nur ihretwegen den Verein gewechselt hatte. Wir küssten uns noch ein letztes Mal, dann

steuerte ich die Tür an, hinter der sich das Ungeheuer des Ungewissen verschanzt hatte.

Die Pforte knarrte fürchterlich, als ich sie öffnete. Und auf mein lautes „Guten Abend" gab es sogar den einen oder anderen Gruß zurück.
Herr Müller, unser Spartenleiter, kam sofort auf uns zu. „Wir haben gerade mit dem Sektionsturnier begonnen. Wenn du willst, kannst du mitspielen." Ich hatte ja mit allem gerechnet, aber dass ich bei der Vereinsmeisterschaft mit dabei sein durfte, ganz bestimmt nicht. Dabei hatte ich mich schon gewundert, dass ich draußen keine Stimmen vernommen hatte, kein Figurenpoltern, kein Lachen, keine Sprücheklopfereien. Kein Wunder! Hier wurde ernsthaft Schach gespielt. Und ich kam wohl gerade recht, ergab sich doch nun eine gerade Teilnehmerzahl. „Ja, ist okay. Gegen wen muss ich denn spielen?", erwiderte ich den Vorschlag unseres „Chefs", der in der Jugendmannschaft auch gleichzeitig mein Trainer war. „Gegen mich", sagte Herr Müller siegesgewiss. Das konnte er auch sein, trennten uns damals noch Welten im königlichen Spiel.

Er hatte das Schachspielen in den 40er-Jahren erlernt, damals kurz nach dem Krieg. Wie viele andere war auch er an Tuberkulose erkrankt und konnte monatelang das Bett nicht verlassen. Er war vom Schach so begeistert, dass es ihn nicht mehr losgelassen hatte. Geradezu kometenhaft stieg er zum stärksten Spieler weit und breit auf. In seiner Glanzzeit hatte er es einige Male nur hauchdünn verpasst, sich für das Dreiviertelfinale der DDR-Meisterschaft zu qualifizieren.
Wir Jugendlichen waren ein willkommenes Abendessen für

einen Schach-Löwen, der schon seit Wochen keine anständige Mahlzeit auf den 64 Feldern genossen hatte. „Ich will schnell nochmal an die frische Luft. Haben wir noch ein paar Minuten", fragte ich, der wandelnde Punkt des Herrn Müller, meinen Lehrmeister und Gegner. „Ja ja, geh nur." Dass ich noch einmal frische Luft tanken wollte, war eigentlich nur die halbe Wahrheit. In Wirklichkeit wollte ich mit Christine noch ein paar Minuten allein sein. Sie, die draußen gewartet hatte, sah mir meine Erleichterung sofort an. „Na siehst du. War doch gar nicht so schlimm." In der Tat sind mir Tonnen an Steinen vom Herzen gefallen, dass ich endlich wieder zu Hause war. „Ohne dich hätte ich das aber nie geschafft", sagte ich, während ich darüber nachgrübelte, womit ich eigentlich eine Freundin wie Christine verdient hatte.

„Was meinst du? Soll ich spielen?", fragte ich meine bessere Hälfte in hoffnungsvoller Erwartung. „Warum sind wir denn hier? Doch nicht nur, um guten Abend zu sagen." „Aber das kann schon ein Weilchen dauern." „Mach dir mal keine Gedanken. Ich werde mich schon beschäftigen", bestärkte mich Christine in meinem Entschluss, dem Löwen die Krallen stutzen zu wollen.
Herr Müller hatte in der Zwischenzeit die Figuren aufgebaut und die Uhren gestellt. Als ich den Spielsaal wieder betrat, konnte ich mir ein Grinsen nicht verkneifen. Unser aller Schach-Vorbild war nämlich nicht sonderlich groß. Wieselflink huschte er zwischen den Tischen umher, warf kurze Blicke auf die Bretter und an seiner Miene konnte man erkennen, wie es um den einen oder anderen Akteur bestellt war. Ein Großteil der Spieler gehörte schließlich zu seinen Schützlingen. Ihnen gehörte immer sein besonderes Interesse.

Denn: Wir waren zweifelsohne eine der schlagkräftigsten Jugendmannschaften, die sich jemals bei Lok zusammengefunden hatten. Im Vorjahr waren wir in die DDR-Jugendliga aufgestiegen, der höchsten Spielklasse für Nachwuchsmannschaften. Und im republikweiten FDJ-Pokalwettbewerb war erst im Viertelfinale Schluss, wo wir uns mit einem 1,5:4,5 bei Rotation Berlin achtbar aus der Affäre gezogen hatten. Aber zwischen Männern und Jugendlichen bestand schon ein immenser Leistungsunterschied.

Ich war jedenfalls kampfbereit, setzte mich auf meinen Platz, füllte mein Partieformular aus, reichte meinem Gegner die Hand und drückte die Uhr. Ich hatte schließlich nichts zu verlieren. Außerdem war Christine bei mir, was mir den Rücken stärkte. „Dann zeigen Sie mal, was Sie können", dachte ich. Nach gut zwei Stunden hatte er es gezeigt. Ich hielt die Uhr an, gratulierte Herrn Müller und schrieb „1:0" auf das Partieformular. So groß, dass man es problemlos noch in zehn Metern Entfernung hätte entziffern können. Dabei machte mir diese Niederlage wenig aus. Und zwar aus drei Gründen: Erstens hatte ich gegen Herrn Müller damals keine Chance, zweitens war ich wieder im Verein integriert und drittens verhinderte Christines Lächeln jeden Anflug von Enttäuschung.

Christine und ich blieben noch ein paar Minuten im Verein, bevor wir uns verabschiedeten. Herr Müller passte uns an der Tür ab, reichte mir unauffällig meinen Vereinsausweis und flüsterte mir zu: „Willkommen zu Hause." Zu Hause, ja, das war mein Verein. Mein zweites Heim sozusagen. Schach faszinierte mich damals derart, dass ich, schon bevor ich am

15. Dezember 1981 im Pionierhaus (im Alten Dorf in Stendal) erstmals zum Training erschien, nur selten davon lassen konnte.

Schach hat mich mein Leben lang begleitet. Nachdem mein Papa es mir beigebracht hatte, als ich sieben Jahre alt war, wurde ich fast süchtig danach. Immer wieder forderte ich Papa heraus, der immer weniger Lust zeigte, mit mir die sprichwörtlichen Klingen zu kreuzen. Ungeduldig wartete ich jeden Tag, dass es doch 16 Uhr werde. Nachmittags kurz nach vier war Papa meistens zu sehen, wie er, abgeschlafft von der Arbeit auf dem Bau, vom Fahrrad stieg, sein Gefährt den Berg, der zu den Eingängen führte, hochschob und erstmal im Keller verschwand. Ich war ihm meistens entgegengerannt und überfiel ihn mit den Worten: „Spielen wir heute Schach? Bitte." Und wenn sich Papa dann doch dem Wunsch seines Filius beugte, dauerte es meist nicht lange, bis er mir die Grenzen meines Anfängerkönnens aufgezeigt hatte. Ich verlor jede Partie. Und auf das bekannte Schäfermatt fiel nicht mein Papa herein, sondern ich. Und das nicht nur einmal.

In den nächsten Jahren blieb ich immer am Ball. Meine große Schwäche aber war meine Ausdauer. Denn wenn man die Kunst des Schachspielens erlernt hat, ist es nicht mehr wie ein planloses Hin- und Hergeschiebe eines Unbedarften, der gerade mit den Regeln vertraut gemacht wurde. Mit den Jahren gewinnt man den Eindruck, die Figuren würden leben. Man versteht sich als Beobachter des Daseins von Monarchen, Dienern und Bauern. Wüsste ich es nicht besser würde ich behaupten: Schachfiguren haben eine Seele.

Weil mich das Schachspiel nicht mehr losgelassen hat und Teil meines Lebens war und noch heute ist, lernte ich meine große

Liebe kennen – und meine Freunde. Was wäre wohl geschehen, wenn ich nie einem Schachverein beigetreten wäre? Mein Leben hätte einen ganz anderen Verlauf genommen.

Apropos: Meine Mama hat mir oft erzählt, dass ich als Säugling fast vertauscht worden wäre. Sie bermerkte aber gerade noch rechtzeitig, dass das Neugeborene in ihrem Kinderwagen nicht ich war. „Eine Mutter erkennt ihr Kind immer", sagte sie stets. Hätte sie den Irrtum nicht bemerkt – ich wäre in Flechtingen gelandet.
Christine und ich genossen jede Sekunde, die wir zusammen waren. Sie wohnte in einer Neubauwohnung vom Typ WBS 70, zusammen mit Odette. Odette war schon ein ganzes Stück älter als wir, ich schätze, so um die 25, und ihre Hüften waren etwas aus der Norm geraten. Sie sollte ein wenig auf das Mädchen acht geben, das mutterseelenallein in Stendal zurechtkommen musste. Odette war aber noch nicht so alt, dass sie sich als Erziehungsberechtigte aufspielte. Sie hatte auch keinen Freund, und war die meiste Zeit nicht zu Hause. Manchmal haben wir sie nur einmal in der Woche zu Gesicht bekommen. Odette ließ uns unsere jugendliche Freiheit. Sie war eine nette junge Frau, die auch nicht auf den Kopf gefallen war. Was sollte sie mit Christine und mir anfangen? Bevor sie sich als fünftes Rad am Wagen fühlen würde, zog es sie meistens zu ihren Eltern.

Ich verbrachte die meiste Zeit bei Christine. Ich aß bei ihr, ich schlief bei ihr, ich lebte bei ihr. Nur hin und wieder ließ ich mich bei Mama und Papa blicken, um zu signalisieren, dass alles in Ordnung sei. Mama machte sich schließlich Sorgen,

wenn sie ihren Sohn tagelang nicht zu Gesicht bekommen hatte. Ich war das älteste von drei Kindern – und dass ich bei meiner Freundin wohnte, war für Mama eine völlig neue Situation.
Obwohl eine Trennung bereits ihre Schatten vorauswarf, träumten Christine und ich sogar von Hochzeit. Man durfte mit 16 zwar in den Stand der Ehe treten, doch war dazu das Einverständnis der Eltern zwingend notwendig. Wir träumten nicht davon, dass wir diese Erlaubnis bekommen würden, sondern nur davon, wie unser Leben einmal aussehen würde – als Mann und Frau.

Wir schmiedeten Heiratspläne, als stünde die Hochzeit unmittelbar bevor. Nichts auf der Welt sollte uns je wieder trennen – wir wollten zusammenbleiben, egal, was passiert. Christines Umzug nach Weißwasser war unumgänglich, aber wir waren uns einig darüber, auch diese Zeit irgendwie zu meistern. Wir waren so naiv, aber es war schön, naiv zu sein. Wenn wir es nicht gewesen wären, hätten wir nicht geträumt. Unsere Köpfe waren voller Pläne, unsere Herzen voller Glück. Unser Leben aber sollte ganz anders verlaufen, als wir es uns damals vorgestellt hatten.

Wenn ich heute durch Stendal gehe, ist Christine immer bei mir. In meinen Erinnerungen. Obwohl sich unsere kleine Stadt seit damals sehr verändert hat. Dort, wo Christine einst wohnte, und wir die Sonne über dem Wald aufgehen sahen, steht heute eine Eigenheimsiedlung. Den Block, in dem wir unsere unbeschwerten Tage verlebten, den gibt es noch. Ich schlendere manchmal an ihm vorbei, und schaue in das Fenster, aus dem wir einst geschaut hatten. Immer in der

Hoffnung, Christine und mich zu entdecken. Aber es war immer derselbe Anblick: Ein trostloser Raum, voller Dunkelheit und Kälte. Viele Wohnungen in diesem Block stehen leer.

Auch, wenn ich über den Marktplatz gehe, erinnere ich mich an Szenen von damals. Manchmal kommt es mir vor, als würden Gestalten aus der Vergangenheit auftauchen, die sich vor meinen Augen schemenhaft abzeichnen. Doch im nächsten Augenblick sind sie verschwunden.

Dass ich in Christines Augen der Mann fürs Leben war, weiß ich genau. Nicht nur, dass sie mir unzählige Male ihre Liebe versichert hatte, nein, Christines Freundin hat es mir einmal erzählt. Ich traf sie Monate später, zufällig, im Waldfrieden, einer der beliebtesten Diskotheken in Stendal. Wo heute chinesisches Essen aufgetischt wird, wurde damals auf zwei Sälen nach den neuesten Rythmen getanzt. Annett war jedenfalls ein sehr attraktives Mädchen, und ihr Freund, Jochen, jemand, mit dem man Pferde stehlen konnte. Niemals habe ich Annett zu Christine sagen hören: „Lass die Finger von dem. Der ist nichts für dich. Du willst doch studieren."

Annett war die beste Freundin, die man sich für sein Mädchen wünschen konnte. Sie freute sich mit Christine, sie trauerte mit ihr, sie erzählten sich alles. Beste Freundinnen eben. Jedenfalls sagte Annett, als ich sie getroffen hatte, zu mir: „Wenn Christine nicht weggezogen wäre, dann hätte sie dich geheiratet." Das hat mich damals echt umgehauen. Hatte ich doch bisher immer gedacht, dass unsere Heiratspläne nichts weiter waren, als unerfüllbare Träume zweier verliebter Jugendlicher.

Christine und ich verbrachten den ganzen Tag miteinander.

Wir standen gemeinsam auf, gingen zusammen aus dem Haus, jeder lernte in seiner Schule, und als das letzte Klingelzeichen ertönte, konnten wir nicht schnell genug zueinander finden. Irgendetwas haben wir immer unternommen, und wenn wir nur unsere Freunde besuchten. Ob nun Bodo, Schwarzi oder der Doktor – die drei hockten ja immer zusammen.

Einmal hatte Bodo dafür gesorgt, dass wir nicht verdursten sollten. Obwohl er notorisch klamm war, hatte er es sich nicht nehmen lassen, uns zu einem kleinen Umtrunk einzuladen. Oft genug hatte er sich ja auf unsere Kosten volllaufen lassen.
Wir tranken nicht wenig an diesem Abend. Und Christine hatte offenbar nicht ihren besten Tag. Sie war so betrunken, dass sie es sich auf Bodos Sofa bequem gemacht und zugedeckt hatte. Sie war kurz davor, einzuschlafen. Bei Bodo übernachten? Das konnte ich auf keinen Fall zulassen. Ich wusste, dass Bodo meinen Engel nicht in Ruhe lassen würde. Ich war natürlich auch nicht mehr nüchtern, trotzdem noch klar genug, um die Reißleine zu ziehen. Ich spürte, dass Bodo drauf und dran war, mich um meine Liebe zu betrügen. Manchmal war er halt ein echt „guter" Freund. Wenn er irgendeinen Vorteil herausschlagen konnte, dann kannte er mitunter kein schlechtes Gewissen.

Er deckte Christine vollständig zu, und bestand darauf, dass sie bei ihm schlafe. „Die kann doch gar nicht mehr laufen", begründete er. Doch in seinen Augen erkannte ich die Hinterhältigkeit. „Christine, komm, wir wollen nach Hause", rief ich ihr zu. Doch sie bewegte sich kaum noch.
Sie wollte einfach nur schlafen, und in Ruhe gelassen werden. „Komm, Christine", mahnte ich erneut. Sie aber zeigte keine

Reaktion. Mir blieb nur ein Mittel, um zu verhindern, dass mein Mädchen in den Armen eines Lustmolchs aufwachen würde. „Wenn du jetzt nicht aufstehst, dann beende ich unsere Beziehung." Ich weiß nicht, was ich getan hätte, wenn sie liegen geblieben wäre. Aber meine Worte mussten wie ein Hammerschlag auf sie gewirkt haben. Christine schob die Decke beiseite, und versuchte sich, aufzurichten. Ich griff ihr unter die Arme, und während wir uns langsam in Richtung Tür bewegten, startete Bodo einen letzten Versuch, den Abend in trauter Zweisamkeit mit meinem Mädchen ausklingen zu lassen: „Lass sie doch hier, sie kann doch hier schlafen, und morgen früh holst du sie wieder ab." „Ist schon gut. Ich bringe sie sicher nach Hause." Bodo hätte wahrscheinlich die gesamte Nacht damit zugebracht, Christine zu bedrängen.

Aber wie jeder Mensch einen Schutzengel hat, so hat auch jeder Engel einen Schutzmenschen. In Christines Fall war ich das wohl. Wie sich ein paar Tage später herausstellte, hatte ich den richtigen Instinkt bewiesen. Bodo verriet mir nämlich, dass er keinen Versuch unterlassen hätte, meinem Engel die Unschuld zu rauben. Wie es geht, wusste er ja schon. Dank Federvieh.

Dieser Abend war für mich eine Lehrstunde. Hatte ich Bodo bislang als meinen besten Freund angesehen, war ich ihm gegenüber von diesem Augenblick an sehr vorsichtig. Was Bodo auch tat, was Bodo auch sagte, ich war immer misstrauisch. Bodo zu vertrauen, fiel mir mit der Zeit immer schwerer. Zwar hatte auch Schwarzi meine Christine hin und wieder umworben, doch tat er dies nur, wenn er getrunken hatte. Und es war nichts im Vergleich zu dem, was sich Bodo geleistet hatte. Ich vermied es jedenfalls so gut es ging, Bodo jemals wieder den Rücken zuzudrehen.

Den nächsten Tag verbrachten Christine und ich bis Mittag im Bett. Wir waren völlig erledigt. Sie wusste natürlich nichts mehr von den dramatischen Ereignissen, die sich am Abend zuvor abgespielt hatten. Und das war auch gut so.
Während in meinem Kopf ein imaginärer Vorschlaghammer auf Hochtouren lief, versuchte ich, meine Erinnerungen an den Abend der Schande zu ordnen. Ich erzählte Christine nichts von Bodos Hinterhältigkeit. Ich wollte vermeiden, dass sie einem Menschen böse ist, der ihr nicht im geringsten das Wasser reichen konnte. Außerdem wollte ich nicht, dass unsere Treffen ein jähes Ende finden sollten, nur durch Bodos unerhörte Aktion. Wir waren ja nur zu viert, denn mit dem Doktor hatte sich Christine niemals verstanden. Bodo dagegen imponierte ihr irgendwie, und Schwarzi war ein stilles Wasser, das aber ganz tief wurde, sobald er Alkohol konsumiert hatte.

Der Doktor hatte sich anfangs vage Hoffnungen auf Christine gemacht. Das hatte sie ihm übel genommen. Sie würde niemals mit jemandem gehen, der jünger ist, sagte sie. Na da hatte ich aber nochmal Glück gehabt. „Was bildet der sich eigentlich ein?", hatte sie mich mal gefragt. Ich gab ihr natürlich keine Antwort darauf. In der Zeit, in der ich mit Christine zusammen war, haben sich der Doktor und ich nicht allzuoft gesehen.

Christine und mir war nach unserem Alkoholexzess so schlecht, dass wir uns gegenseitig die Türklinke des Badezimmers in die Hand gaben. Nachdem wir die dritte

Kanne schwarzen Kaffee geleert hatten, rafften wir uns auf, und machten uns auf den Weg zu Schwarzi. Wir staunten nicht schlecht, als er uns die Tür öffnete. Er war topfit. Es waren nicht die geringsten Zeichen eines Katers auszumachen. Kein Gähnen, keine Kopfschmerzen. Kein gutes Zeichen. Wir setzten uns auf Schwarzis Couch, ich hatte Christine im Arm – und zu dritt schauten wir fern. Es dauerte auch nicht lange, bis Bodo auf der Matte stand. Ich hatte ernste Probleme damit, ihm in die Augen zu schauen oder überhaupt ein Wort mit ihm zu wechseln. Aber Christine zuliebe tat ich so, als wüsste ich überhaupt nicht mehr, was am Abend zuvor geschehen war.

Teil XII

Eines musste man Bodo aber zugestehen: Seine Marmeladenstullen waren legendär. In der Mitte ein Klecks Butter, darüber Konfitüre und dann hat er sich von außen, wo ja nur trockenes Brot war, nach innen gegessen. Das beste hat er sich für den Schluss aufgehoben.

Es war 1982, als ich mich mit Bodo und Schwarzi angefreundet hatte. Sie gingen in eine Klasse, während ich ein typischer Einzelgänger war. Man kennt hier jemanden, und da jemanden – aber echte Freunde hatte ich nicht. Weil ich mich mit den beiden beim Schach so gut verstanden hatte, tauchte ich eines Tages bei Bodo auf. Wir spielten eine Partie und beschlossen dann, zusammen mit Schwarzi dem Rolandsfest einen Besuch abzustatten. Elsbeth hatte mich zu diesem Zeitpunkt noch nie gesehen. Sie konnte ihre Neugier auch nicht verbergen. Und während Bodo und ich über unsere Züge nachdachten, kam sie ins Zimmer, begann, Bodos Haare zu kämmen – und mich auszufragen. Ich hatte echte Mühe, mir das Lachen zu verkneifen.

Im Mai findet in Stendal die Kirmes statt – Rummel, wie wir hier sagen. Damals waren wir fasziniert von der Glitzerwelt mitten im sozialistischen Alltagsgrau. Rummel – das waren Achterbahn, Karussell, Zuckerwatte. Einmal war ein Schausteller mit einer Geisterbahn vertreten. Da kam mir die Idee, mir ein paar Mark dazu zu verdienen. Als ich fragte, ob ich nach der Schule, jeden Tag für ein paar Stunden bei ihm arbeiten könne, lehnte er mein Gesuch aber zu meinem Erstaunen mit den Worten ab: „Du bis nicht hässlich genug."

Wenn der Rummel in der Stadt war – in der Regel gab es im

Mai ein Frühlingsfest und im Oktober ein Herbstfest – gab es kaum einen Tag, an dem wir nicht über den unplanierten Schützenplatz schlenderten. Damals hieß er allerdings Platz der Jugend. An Regentagen war es das reinste Abenteuer, trockenen Fußes von einem Karrussel zum anderen zu gelangen. Aber den Spaß, den wir hatten, ließ uns über diese Nebensächlichkeit hinwegsehen. Der Rausch der Geschwindigkeit, mit der die Achterbahn ihre Passagiere in Angst und Schrecken versetzte, die Rhythmen neuester Popmusik, erwartungsvolle Gesichter, wenn man die Glückslose öffnete, oder der unvergleichliche Geschmack eines kandierten Apfels – all das war wie für uns gemacht.

Die Schausteller hatten sich immer nach demselben Muster aufgestellt. Ein paar Meter, nachdem man den Platz betreten und die Fischbude hinter sich gelassen hatte, stieß man auf Klein-Las Vegas. Die Glücksspielautomaten in diesem Casino auf Rädern waren stets so dicht umlagert, dass man beim besten Willen nicht umfallen konnte. Es war ein Hort der Reaktion, ein Hauch von Kapitalismus, in dem einem vorgegaukelt wurde, dass man es auch ohne Arbeit zu einem kleinen Vermögen bringen könne. Die Automaten stammten schließlich aus dem Westen, dem unerreichbaren Schlaraffenland jenseits des antifaschistischen Schutzwalls.

Das Casino in den Farben der DDR war auch die Lieblingsattraktion von Bodo und Schwarzi. Während Schwarzi einfach nur Spaß am Glücksspiel hatte, suchte Bodo diesen Ort der Sünde auf, weil er sich erhoffte, aus seinen fünf Mark vielleicht zehn oder zwanzig zu machen. Aber es war jedesmal derselbe Jammer: Nach ein paar Minuten war Bodo pleite. Wir hatten dann wieder Mitleid mit ihm und finanzierten ihm den Rest des Abends. Irgendwie war er ja auch ein armer Hund. Auf der einen Seite zu faul zum arbeiten, andererseits verstand er es wie kein Zweiter, die Mitleidsnummer abzuziehen. Und so war es auch an diesem Abend.

Während sich die beiden beim Glücksspiel amüsierten, spazierten Christine und ich Hand in Hand über den Platz. Wir staunten über das farbenfrohe Spiel der verschiedenen Fahrgeschäfte, amüsierten uns über die komischen Figuren, die die Schausteller wieder für jene Glückspilze auserkoren hatten, die in den Genuss eines Hauptpreises gelangten – und genossen die Zuckerwatte, auf die wir mehr als ein halbes Jahr verzichten mussten. „Das dauert heute aber lange. Entweder hat Bodo die gesamten Automaten leergeräumt, oder es ist etwas passiert", machte ich mir ein wenig Sorgen. Aber in diesem Augenblick kamen uns die beiden schon entgegen. Zu unserer Erleichterung nicht in Begleitung Uniformierter. „Bodo hat mal wieder alles versaut", murmelte Schwarzi in seiner unverwechselbar derben Sprache.

„Er hatte schon 15 Mark zusammen, und alles wieder verspielt", klärte uns Schwarzi auf. Wir musterten Bodo von Kopf bis Fuß – und konnten sein Pech nicht fassen. Ich schüttelte nur den Kopf und sagte so mitleidenswert „Bodo Bodo", dass Christine schmunzeln musste. Tja, Raffgier ist des Menschen ständiger Begleiter. Man will immer mehr und bemerkt erst dann, dass man bereits genug hatte, wenn der Gewinn wieder weg ist. Wie gewonnen so zerronnen. Und das galt auch im Arbeiter- und Bauernstaat.

Gewonnen haben wir an diesem Abend aber trotzdem.

Nämlich einen Wagen in der Achterbahn. Eine Attraktion, bei der man schon eine halbe Stunde Anstehen für ein paar Minuten Bauchkribbeln investieren musste. Schwarzi und ich waren uns sofort einig, dass wir eine Runde drehen werden. Bodo schaute erst skeptisch, ließ sich dann aber doch breitschlagen. Christine lehnte von vornherein ab, wusste sie doch, dass ihr das Achterbahnfahren nicht bekommen würde. Sie holte sich etwas zu trinken und wir reihten uns ein ins sozialistische Wartekollektiv.

Nach gefühlten zehn Stunden waren wir an der Reihe. Der rote Wagen, der uns zugeteilt wurde, bot zwar Platz für vier Passagiere, doch da wir nur zu dritt waren, hatten wir ihn nur für uns. Im Schneckentempo kroch er eine 45-Grad-Steigung empor. Bodo sah jetzt gar nicht mehr gut aus. Seine frische Gesichtsfarbe war verschwunden und angsterfüllt blicke er immer wieder nach unten. Unser Wagen benötigte maximal 30 Sekunden, bis er den Scheitelpunkt erreicht hatte. Bodo wurde immer kleiner, versank geradezu in seinen gepolsterten Sitz. Für Schwarzi und mich waren die letzten Meter wie die Vorfreude auf Weihnachten. Aber statt Geschenken lag vor uns ein Stahlgerüst voller Steigungen, Gefällen und Kurven. Zunächst ging es aber erst einmal bergab. Bodo muss gedacht haben, sein letztes Stündlein habe geschlagen. „Oh Mist! Ich will hier raus", jammerte er unaufhörlich und schrie wie ein Säugling, den man seiner Milch beraubt hat. In jeder Kurve schien er noch lauter zu schreien. Diejenigen, die in der Wartschlange standen, ahnten, dass dort etwas Ungeheuerliches vor sich gehen müsse.

In Kurve drei passierte, was passieren musste: Bodo öffnete

seinen Schlund und in einem breit gefächerten Strahl ergossen sich Unmengen zerkauter und bereits mit Magensäure zersetzter Brocken seiner letzten Mahlzeit auf den Boden unseres Wagens. Schwarzi und mir verging der Lust am Rausch der Geschwindigkeit, angesichts der unerwarteten Ladung, die hin- und herschwabbte. Auch die Außenhaut unseres roten Flitzers war nicht verschont geblieben. Sie war benetzt mit Schleim und allerhand penetrant riechender Flüssigkeiten. Es war einfach peinlich.

Wir schämten uns für unseren Freund. Nach gut zwei Minuten war die Fahrt vorbei – und wir verließen fluchtartig das Fahrzeug. Bodo hatte seine Mühe, aus dem Wagen zu kommen, aber nachdem ihm Schwarzi seine Hand als Stütze angeboten hatte, war er wieder in der Lage aufrecht zu gehen. So oft wir an diesem Abend noch an der Achterbahn vorbeikamen, und so lang die Schlange war, ein Wagen war immer frei.
Bodo erholte sich schnell. Ein paar Minuten, nachdem sich sein Magen so spektakulär entleert hatte, knurrte derselbe schon wieder. Eine Bratwurst mit extra viel Senf – und für Bodo war die Welt wieder in Ordnung. Schwarzi hatte inzwischen ein Fahrgeschäft entdeckt, von dem er seine Augen nicht mehr lassen konnte. Eine Überschlagschaukel, noch schlimmer als die Achterbahn. Der will doch da nicht etwa rein? Er wollte. Für mich und Christine stand sofort fest: Die Überschlagschaukel wird zur verbotenen Zone erklärt. Zum Glück musste ich meinem Mädchen nichts beweisen. Sie liebte mich, wie ich war.

Nachdem wir eine Weile die mutigen Stendaler beobachtet

hatten, die permanent Schwung holten und dann mehrfach um die eigene Achse rotierten, bemerkte ich, dass Christine nicht mehr neben mir stand. Ich blickte mich um, konnte sie aber nirgends entdecken. Nicht an der Losbude, nicht am Bratwurststand, nicht an der Achterbahn. Plötzlich sah ich, wie sie und Schwarzi einträchtig nebeneinander standen, so, als würden sie jeden Moment das Kassenhäuschen ansteuern und sich dem Wahnsinn des Schwindelgefühls hingeben.

Während Christine noch immer voller Bewunderung den Todesmutigen zusah, die ihre helle Freude an der Schaukel aus des Teufels Werkstatt hatten, stand Schwarzi plötzlich am Kassenhäuschen und sagte mit zittriger Stimme: „Einmal bitte." Ich erkannte die Unsicherheit in seinen Worten, als wolle er sagen: „Na wenn es denn sein muss. Ich probier's halt. Aber Angst habe ich trotzdem." So ein verrückter Kerl.

Er stieg ein, positionierte sich in der Mitte und stellte sich kerzengerade hin. Mit rythmischen Bewegungen begann er schließlich, der Schaukel den nötigen Schwung zu verleihen. Bodo, Christine und ich beobachteten seine Bemühungen, den kritischen Punkt zu erreichen. So sportlich hatte ich Schwarzi selten erlebt. Je mehr er an Höhe gewann, desto schwungvoller waren seine Bewegungen. Und dann erst einmal die Haltungsnote! Es hatte schon ein paar Minuten gedauert, aber dann war es geschafft: Die Schaukel überschlug sich gleich ein paar Mal – und Schwarzi war sichtlich stolz auf sich, dass er es als einziger gewagt hatte, Angst und Übelkeit zu überwinden. Und wir bewunderten Schwarzi, dass er so voller Mut und Tatendrang war. Eben anders als Bodo, das Weichei.

Nachdem uns Schwarzi bewiesen hatte, was für ein toller

Hecht er ist, waren wir pleite. Also blieb uns nichts anderes übrig, als die Glitzerwelt zu verlassen und uns wieder in die Welt des real existierenden Sozialismus zu begeben. Christine und ich schauten auf dem Heimweg noch bei meinen Eltern vorbei, beschwichtigten Mama, dass sie sich keine Sorgen zu machen braucht und rauchten eine Zigarette mit Papa.

Papa war ein gutmütiger Kerl, der sein Leben lang für seine Familie auf dem Bau geschuftet hatte. In knapp zwei Monaten sollte er 50 werden – und allmählich wurden Spuren schwerer körperlicher Arbeit sichtbar. Was bei den Handwerkern in der DDR früher „Nach-Feierabend-Arbeit" genannt wurde, dazu ließ er sich immer seltener animieren. Er war einfach nicht mehr in der Lage dazu, 12, 13 oder 14 Stunden am Tag auf dem Bau zu ackern. Daran konnte auch der Lockruf der Ost-Mark nichts ändern. Meine Mama erhielt eine spärliche Invalidenrente. In einer Familie, in der fünf Mäuler zu stopfen waren, war am Ende des Geldes immer noch ganz schön viel Monat übrig.
Wir alle warteten immer sehnsüchtig auf den einzigen Tag im Monat, an dem Papa eine volle Brieftasche hatte. Ich habe ihn leider nie gefragt, ob er mit seinem Leben zufrieden war. Denn das Glück war ihm nicht besonders hold. Aufgewachsen in einer Familie mit mehreren Geschwistern, zogen die Kottkes in den 30er- und 40er-Jahren in der Altmark umher, ehe sie sich irgendwann während des Krieges oder kurz zuvor in Stendal niederließen.

Papa hatte noch vier Geschwister, von denen 1984 nur noch eine Schwester, Tante Inge, lebte. Sein älterer Bruder Kurt stammte aus einer Liaison Omas, wie man munkelte, mit einem Lehrer. Kurt war ein bildhübscher Junge – aber geistig behindert. Er fiel dem Euthanasieprogramm der Nazis zum Opfer. Ein weiterer Bruder und eine Schwester kamen kurz vor dem Krieg bei einem tragischen Verkehrsunfall ums Leben. Beide wurden beim Spielen von einem Traktor überfahren.

Oma hatte Charaktereigenschaften, die man nicht unbedingt von einer Mutter erwartet. Sie ließ Opa und Papa auf dem Dachboden schlafen, ein richtiges Bett hatten sie nie gesehen. Zugedeckt haben sie sich mit einem alten Mantel. Das Geld hatte Oma komplett verwaltet und die Lebensmittel vor den anderen verschlossen. Später, als Papa das Maurerhandwerk erlernte, musste er seinen kläglichen Lohn natürlich komplett abgeben. Ich weiß nicht genau, was an den Erzählungen Dichtung ist, und was Wahrheit, Papa hatte jedenfalls nie widersprochen, wenn meine Mama das Gesprächsthema wieder einmal auf ihre verhasste Schwiegermutter gelenkt hatte.

Als Oma in der 70er-Jahren starb, war meine Mama nicht gerade davon begeistert, dass Papa zur Beerdigung wollte. Es war eines der wenigen Male, dass er sich durchgesetzt hatte. Geweint hat niemand am Grab. Aber ihre beiden noch verbliebenen Kinder begleiteten sie auf ihrem letzten Weg. Auch, wenn später alle sagten, Oma sei ein böser Mensch gewesen – ich habe immer Partei für sie ergriffen. Niemand kommt böse auf die Welt. Es war das Schicksal, dass sie so geworden ist wie sie war: drei Kinder verloren, immer an der Armutsgrenze lebend und nicht wissend, was sie morgen auf den Tisch bringen soll.

Verglichen mit seinem Leben als Kind und Jugendlicher hatte

Papa, als er meine Mutter und ihre Familie kennenlernte, das Paradies auf Erden gefunden. Er konnte sich satt essen, hatte ein richtiges Bett und eine Frau, die er liebte. Auch, wenn es später öfters mal den einen oder anderen Streit gab. Aber wie sagte Christine immer: „Gewitter reinigen die Atmosphäre." Papa flüchtete sich dennoch immer mehr in den Alkohol, aber in seinem Herzen war er ein guter Mensch geblieben, der seine Kinder über alles liebte.

Christine und ich hielten uns nicht lange bei meinen Eltern auf. Wir wandelten auf dem Pfad der Liebe, wie ich die knapp 1000 Meter von meiner elterlichen Wohnung bis zu Christine in der Kurtschatowstraße heimlich nannte. Eng umschlungen genossen wir jeden Schritt.
Plötzlich musste ich daran denken, dass ich Christine vielleicht nicht mehr lange haben werde. Es sollten nur noch wenige Wochen sein. Eine kurze Zeit der Leidenschaft, der Liebe und der Zärtlichkeiten. Abends, wenn sich der Trubel des Tage gelegt hatte, und Christine und ich durch unser menschenleeres Satellitenstädtchen Stadtsee schlenderten, war das Brummen der Trafo-Häuschen das einzige Geräusch, das die Stille durchbrach. Ich hatte es erst damals wahrgenommen, zuvor hatte ich nie darauf geachtet.

„Weißt du, das werde ich vermissen", sagte ich einmal: „Warum? Die Trafo-Häuschen sind auch noch da, wenn ich weg bin." „Ich meine, mit dir hier unterwegs zu sein, so spät in der Nacht, in der nur unsere Stimmen und das Summen zu hören sind. Dieses monotone Summen wird mich ewig an dich erinnern." Christine schwieg. Aber was ich damals prophezeit hatte, ist wahr geworden. Immer, wenn ich in unserer kleinen

Stadt unterwegs bin, muss ich an meine große Liebe denken. Das Summen erinnert mich auch heute noch daran, dass es diese Zeit einmal gegeben hat. Und sie nicht meiner Fantasie entsprungen ist.

In der Schulzeit zählt man die Tage, die noch verbleiben, bis man endlich sein erstes Geld verdient. Fast zehn Jahre hatte ich nun die Schulbank gedrückt, habe mir Standpauken anhören müssen, habe Gedichte und Lieder auswendig gelernt, die schwierigsten mathematischen Probleme gelöst und gestaunt, was die Naturgesetze der Physik und der Chemie hergeben.
Zehn Jahre sind eine lange Zeit. Doch nun wurde der Endspurt eingeläutet. Christine und ich bereiteten uns auf die Prüfungen vor. Während mein Mädchen eine Musterschülerin war, hatte ich den Status eines Faulpelzes, wie er im Buche stand. Hausaufgaben waren grundsätzlich Luxus, und in Fächern, die mich nicht interessierten, schaltete ich ganz einfach auf Durchzug. Meine Faulheit hat sich bei einigen Lehrern so sehr im Gedächtnis festgesetzt, dass, wenn ich mal einen meiner ehemaligen Pädagogen auf der Straße begegnete, sich ein freundliches Lächeln sofort in einen gestrengen Blick verwandelte.

Die schriftliche Russisch-Prüfung hatten wir ja schon kurz nach den Winterferien abgelegt – ich mit „gut", Christine natürlich mit „sehr gut". Jetzt standen die schriftlichen in Mathematik und in einem naturwissenschaftlichen Fach an. In jedem Schuljahr konnte man zwischen zwei Fächern wählen. Bei mir waren es Physik und Chemie. Ich dankte dem Gott der Faulpelze, dass es nicht Bio und Chemie waren.

Teil XIII

Christine und ich lernten tage- und nächtelang, gingen thematisch den gesamten Stoff des Schuljahres durch. Es machte uns wenig aus, nach zwei oder drei Stunden Schlaf völlig übermüdet aus dem Bett zu steigen und zur Schule zu gehen. Wir waren zwar müde, aber vorbereitet. Während Christine beide Prüfungen – auch sie hatte sich für Physik entschieden – mit Bravour meisterte, war ich mit meiner Zwei in Mathe und der selben Zensur in Physik mehr als zufrieden. Einige Lehrer hätten bestimmt gern gesehen, dass ich mit Pauken und Trompeten durchrassele. Aber diese Freude gönnte ich ihnen nicht. Es war aber weniger eine Trotzreaktion, dass ich bei den Prüfungen, vor denen ich mich jahreslang fürchtete, so gut abgeschnitten hatte. Es war vor allem Christine zu verdanken, die mich aus dem Labyrinth der Faulheit führte, und ich die letzten Stolpersteine auf dem Weg ins Berufsleben aus dem Weg räumen konnte.
Christine machte mir immer wieder deutlich, wie wichtig ein vernünftiger Schulabschluss ist. Und zudem musste ich die zehnte Klasse ja unbedingt schaffen, andernfalls wäre das Thema Schokoladenfabrik wohl erledigt gewesen.

Christine stammte aus einer gut situierten Familie. Ihre Mutter arbeitete als Steuerbeamtin beim Finanzamt, ihr Vater stand der Kreissparkasse in Stendal als Direktor vor. Er hatte sogar promoviert und verlangt, dass seine Frau es ihm nachtun sollte. Als sie es ablehnte, war das nur das i-Tüpfelchen – Christines Eltern ließen sich scheiden. Von da an waren Mutter Bähne und ihre Tochter auf sich allein gestellt. Mit dem Umzug nach Weißwasser wollte sie ihre Vergangenheit hinter sich lassen und in der Lausitz ein neues Leben beginnen. Als sie den Umzugsentschluss fasste, gab es mich in Christines Leben noch nicht. Wir lernten uns kennen und lieben, als es bereits zu spät war. Christines Mutter hatte ich bisher noch nicht persönlich kennengelernt. Aber mein Mädchen war jetzt fest entschlossen, mich endlich ihren Eltern vorzustellen. Das wurde aber auch Zeit. Vater Bähne, Günter mit Vornamen, wohnte in Klietz, arbeitete aber in Stendal. Und so beschlossen Christine und ich eines Tages, ihn zu besuchen.

Ich dachte nicht lange darüber nach, ob ich, ein künftiger Vertreter des Proletariats, ihm, dem Herrscher über Mark und Valuta, dem Wächter über Konten und Darlehn, dem Meister der Zinsen und Rendite, überhaupt begegnen und die Hand schütteln sollte. Irgendwann musste es schließlich sein. Und je eher ich Vater Bähne kennenlernte, desto eher würde ich diesen bedeutenden Schritt hinter mich gebracht haben.
An einem Mai-Nachmittag brachen wir auf. Es war der erste Sommertag des Jahres, und befreit von Rollkragenpullover und Winterjacke, spazierten wir die Leninallee, die dann in die Otto-Grotewohl-Allee überging, hinunter. Wir passierten auch eine Straße, in der sich ein Jahrzehnt später die Redaktion der Zeitung befand, bei der ich das Journalisten-Abc erlernen sollte. Damals ahnte ich noch nicht, dass ich nur sieben Jahre später der schreibenden Zunft angehören würde. Hätte mir das damals jemand prophezeit, ich hätte ihn glatt für verrückt erklärt.
Die Sparkasse, in der Vater Bähne arbeitete, hatte ein großes Foyer und einen noch größeren Schalterraum. Computer waren zwar schon erfunden, gehörten aber längst noch nicht zum Alltag. Und in den heiligen Hallen der sozialistischen

Finanzökonomie hatten sie schon gar nichts zu suchen – stattdessen waren alphabetisch geordnete Karteikarten das Nonplusultra, wenn es um Kontostände, -auszüge oder Überweisungen ging. Das Mobiliar stammte wohl aus einer Zeit kurz nach dem Krieg. Die Sparkasse blieb nicht verschont vom Kundenandrang, besonders zum Monatsende. Dann bildete sich manchmal eine Schlange, die bis auf die Straße hinausreichte.

An den Schaltern wurde der gesamte Zahlungsverkehr abgewickelt. Hier war jeder Kunde. Der Arbeiter, der nachfragte, ob sein Lohn schon eingegangen sei, um dann ein nicht zu überhörendes „Es ist noch kein Geld auf dem Konto" zu vernehmen. Rentner und wohlhabende Kämpfer für die gerechte Sache, die mal eben 20.000 Mark abhoben, um sich eine Wohnungseinrichtung oder einen Trabi auf dem Schwarzmarkt anzuschaffen. Und dann natürlich auch Staatsdiener der unterschiedlichen Behörden, die manchmal einen Koffer hinterlegten. Gegen Quittung versteht sich.

Die Sparkassenangestellten kannten Christine natürlich. Sie war das einzige Kind des Chefs und hockte früher als Dreikäsehoch wahrscheinlich unter dem Schreibtisch, um aus 100-Mark-Scheinen ein neues Kleid für ihre Puppe zu basteln. Das hat sie mir zwar nie erzählt, allein die Vermutung, dass es sich so abgespielt haben könnte, liegt nahe.

Die Vorzimmerdame, Tante Sieglinde, wie Christine sie nannte, war eine großgewachsene attraktive Frau, die aber aus der Sicht eines 16-Jährigen schon steinalt war. Tante Sieglinde beherrschte noch die alte Schule des Vorzimmerdaseins. Sie war nicht eine von denen, die sich heute wie damals in unzähligen Empfangsbüros tummeln, und den Rock umso höher schieben, je schlechter es dem Herrn Generaldirektor geht. Nein, Tante Sieglinde hatte Hosen an. Und nicht nur die sprichwörtlichen. Als wir Vater Bähnes Büro betraten, bekam ich große Augen. Und suchte erst einmal den Erzeuger meiner Angebeteten.

Das Dienst-Reich von Vater Bähne war der größte Raum, den ich bis dahin jemals zu Gesicht bekommen hatte. „Wozu braucht jemand, der hier nur arbeitet, so viel Platz?", fragte ich mich. Holzvertäfelte Wände, antike Stühle und Tische – Vater Bähne hatte kein schlechtes Los gezogen. Da konnte mein Lebensstil als Sprössling der Arbeiterklasse kein Haar breit mithalten. Ich war überwältigt von dem Wohlstand, den ich bisher nur aus dem Fernsehen kannte. Natürlich durften in seinem Büro auch die Porträts von Erich Honecker und Willi Stoph nicht fehlen. Aber das hatte nichts zu sagen. Die hingen ja überall. Die Bilder.
Der Blickfang des Raumes war ein riesiger Tisch, der fast von Wand zu Wand reichte. Und darauf stapelten sich Akten über Akten so chaotisch, dass es schon wieder System hatte. Aber so sehr ich meine Augen auch anstrengte und mich sogar auf Zehenspitzen stellte – außer mir und Christine konnte ich niemandem in dem Raum entdecken. Sie aber wusste natürlich, dass ihr Vater da war. In Erwartung eines Tages, an dem nichts Nennenswertes passieren sollte, hatte er sich quasi in die Arbeit vergraben.

„Hallo Papa", begrüßte Christine ihren Vater. „Christine!", schallte es wie eine Geisterstimme zurück. Erst jetzt erkannte ich, dass sich zwischen zwei Akten der Teil eines Kopfes abzeichnete, der im Begriff war, sich zu erheben. Zwei riesige

Hände tauchten aus dem Nichts auf, griffen mehrere Ordner und legten sie auf einen anderen Stapel, der schon so angewachsen war, dass bereits ein Atemzug gereicht hätte, ihn umstürzen zu lassen. Als Vater Bähne die Akten packte, erblickte ich den goldenen Ehering, den er auch Jahre nach seiner Scheidung noch nicht abgelegt hatte. War es nur Gewohnheit oder jagte er der verlorenen Liebe nach?

Schon damals pflegten Christine und ihr Vater nur sporadischen Kontakt. Daher hatte es mich auch nicht gewundert, dass die Begrüßung nicht so herzlich ausfiel, wie sie zwischen Vater und Tochter sein sollte. Es gab keine Umarmung – nur ein harmloses Küsschen auf die Wange. „Das ist wohl dein Freund?", fragte Vater Bähne. Natürlich wusste er, dass ich Christines Freund war, aber da sie keine Anstalten gemacht hatte, mich vorzustellen, hatte er das Gespräch in die gewünschte Richtung gelenkt.
„Ja, das ist Steffen", antwortete Christine. Und während sie diesen kurzen Satz aussprach, war es wieder da, dieses Funkeln in ihren Augen. Ich reichte Vater Bähne die Hand, und er bat uns an einem Tisch Platz zu nehmen, der überhaupt nicht zu vergleichen war mit dem, hinter dem er sich eben noch vergraben hatte. Auf diesen Tisch hatte sich kein Staubkörnchen verirrt. Sicher das Verdienst von Tante Sieglinde, die jeden Tag eine halbe Stunde früher ins Büro kam und die Spuren vortäglicher Kaffeegelage und Ost-Mark-Orgien beseitigte. So blieb das Finanzchaos nur auf den Arbeitstisch beschränkt. Tante Sieglinde war eben der gute Geist der Sparkasse, die ihrem Chef nicht nur ein paar Mal am Tag einen kräftigen Rondo kredenzte, sondern auch zur Stelle war, wenn Frau an der Putzfront gebraucht wurde.

Vor dem Treffen hatte mich Christine instruiert, was ich bezüglich meines künftigen Berufes sagen sollte. Sie selbst hatte ja offenbar kein Problem damit, sich mit einem Spross aus der Arbeiterklasse einzulassen, aber dass ich nach den Sommerferien Schokolade am Fließband herstellen sollte, hätte Vater Bähne sicher aus dem Chefsessel gehauen. Und ich hätte dann erstmal Minuspunkte gesammelt. Und das beim Hüter unser aller Ersparten. Das durfte nicht sein.

Und so schwindelte ich, dass ich mich nach der Schulzeit weiterhin den Lehren des Lebens und der Naturwissenschaften hingeben werde. Auf deutsch: Abitur auf dem zweiten Bildungsweg. Sieben, acht Jahre später war ich Journalist geworden und Vater Bähne kam eines Tages in die Redaktion, um irgendeinen Artikel im Zeitungsarchiv zu suchen. Er erkannte mich natürlich sofort wieder, fragte nach meinem allgemeinen Wohlbefinden und gratulierte mir, dass ich Abendschule und Studium gemeistert hatte. Dass man auch mit dem Abschluss der zehnten Klasse eine Ausbildung bei der schreibenden Zunft absolvieren konnte, davon hatte er natürlich keine Ahnung. Es ist schon verrückt: Aus einer Lüge der Vergangenheit war eine Realität der Gegenwart geworden. Dass ich Vater Bähne damals nicht sagen sollte, welchen Berufsweg ich einschlagen werde, hatte mir nichts ausgemacht. Ich wollte ja nicht ihn heiraten, sondern seine Tochter.

Christine und ich mussten auch nicht befürchten, dass unsere Lüge auffliegen würde. Zu sporadisch war der Kontakt zwischen ihr und ihrem Vater. Zudem sollte Christine ja nur noch ein paar Wochen in Stendal wohnen. Und wer wusste damals schon, wann ich, der Fabrikarbeiter, den ersten Mann der Kreissparkasse wiedersehen sollte.

Wir blieben an diesem Nachmittag gut eine Stunde bei Vater Bähne. Natürlich hatte er auch gefragt, was ich studieren wolle. Mist! Soweit hatten Christine und ich gar nicht gedacht. Unser Plan war nicht ausgereift, das Abitur-Komplott endete schließlich mit der zwölften Klasse. In meiner unendlich ausstrahlenden Ruhe machte ich Vater Bähne klar, dass ich mir noch unsicher bin. Wer konnte auch ahnen, dass er einem 16-Jährigen solche komplexen Fragen stellen würde, der schon in einigen Wochen mehr von Kakao und Schokolade verstehen würde, als er jemals konsumiert hatte. Und dabei war Vater Bähne nicht mal schlank.

Bei Christine war das ganz anders. Sie wusste, was sie wollte: Nach dem Abitur Pädagogik studieren und in Berlin als Lehrerin arbeiten. Und wie sollte ich dann in ihr Leben passen, während sie in der pulsierenden Metropole des Ostblocks die jüngsten DDR-Bürger zur Staatsräson erzieht und mit ganzen Füllhörnern voller Wissen ins Leben entlassen würde? Die Lösung lag auf der Hand: Ich musste tatsächlich noch einmal zwei Jahre an der Abendschule pauken. Und dann würden wir, als Pädagogen-Ehepaar, unzähligen Kindern und Jugendlichen die Welt erklären, bevor wir sie der Obhut unseres sozialistischen Vaterlandes übergeben. Ein schrecklicher Gedanke!

Aber so verrückt es auch klingen mag: Das Ziel, mein Abitur abzulegen, habe ich nie aus den Augen verloren. Zumindest nicht bis 1991, als ich meine ersten Gehversuche im Journalismus unternahm. 1989 hatte ich mich an der

Abendschule eingeschrieben – und auch zwei Monate lang den Stoff der elften Klasse gepaukt. Doch dann war es wieder da, das Gespenst der schulischen Faulheit. Vielleicht nehme ich den erweiterten Schulabschluss noch einmal in Angriff, als Rentner. Nicht, um dann noch irgendetwas zu erreichen, oder mir etwas zu beweisen, sondern nur, um ein Versprechen einzulösen. Mit einer geringfügigen Verspätung.

In den Augen Vater Bähnes war ich schon ein angehender Abiturient. Das gefiel mir. Aber vor allem musste er sehr stolz auf seine Tochter sein. Aber liebte er sie auch? Die Fähigkeit, zu lieben, ist eine der wundervollsten Gaben, die uns die Natur geschenkt hat. Unsere Herzen sind groß, dass wir Menschen lieben, die uns Jahrzehnte lang begleiten, und ebensolche, die nicht mehr Teil unseres Lebens sind. Sei es, weil sie nicht mehr unter uns weilen, sei es, weil sich die Wege getrennt haben. Aber solange wir uns an sie erinnern, sind sie immer bei uns.
Christine und ich – wir liebten uns. Und ich denke, Vater Bähne liebte seine Tochter ebenfalls. Damals aber verstand ich es nicht, warum sich die beiden nur hin und wieder trafen. Sicher, Christine wurde langsam erwachsen, lebte in ihrer eigenen Welt. Und Vater Bähne, der in zweiter Ehe mit seinem Beruf verheiratet war, in seiner. Trotzdem: Stendal ist ja nicht besonders groß, und um von einem Stadtende zum anderen zu gelangen, braucht man keine Stunde.

Teil XIV

In jenem Jahr fanden wieder die Kinder- und Jugendspartakiaden statt. Alle zwei Jahre wurden diese Wettkämpfe zur Förderung von Hosenscheißern und Heranwachsenden ausgetragen und hatten eine Art Pokalcharakter. Die Besten auf Kreisebene starteten bei den Bezirksausscheiden, wo wiederum die Besten den Republikwettbewerb erreichten. Aus meinem Schachverein hatte sich vor ein paar Jahren ein Spieler bis zum Republikausscheid gekämpft. Er belegte dort zwar einen der hinteren Plätze, allein, dass er es bis dahin geschafft hatte, brachte ihm ungemeinen Respekt im Verein ein. Und natürlich unsere Bewunderung.

Die erste Hürde auf Kreisebene musste ich nehmen, in dem ich mit Vereinsgefährten und Mitstreitern aus dem TuS Wahrburg die Klingen kreuzte. Jenen Spielern also, die ich vor einigen Wochen vor den Schach-Kopf gestoßen hatte, in dem ich dem Verein, der mich mit offenen Armen enpfangen hatte, wieder den Rücken kehrte. Inzwischen herrschte Funkstille zwischen uns, zumindest unter uns Jugendlichen. Trafen wir uns bei Wettkämpfen, würdigten wir uns keines Blickes und gaben uns nicht einmal die Hand. Das hat sich bei manchen auch nach mehr als 30 Jahren nicht geändert.
Heute ist das Händeschütteln offenbar zum Luxusgut verkommen. Früher galt es als Zeichen der Herzlichkeit, der Friedlichkeit, der Freundschaft. Und bei Schachspielern erst recht, ist das Motto der internationalen Schachföderation (FIDE) doch „Gens una sumus", was so viel heißt wie „Wir sind eine Familie". Von Familiensinn waren die Ahlers-Sippe

und ich weit entfernt. Trafen wir mal am Brett aufeinander, gab es drei Varianten, nicht mehr als drei Worte mit dem Kontrahenten wechseln zu müssen.: „Schach und Matt", „Ich biete Remis" und „Ich gebe auf". Wobei man bei letzterer Variante nicht einmal den Mund aufmachen musste, genügte es doch, seinen König umzulegen. Der herzlichen Sprachlosigkeit sind wir bis heute treu geblieben.

Aber auch in meinem Verein gab es Mitstreiter, die ich lieber von hinten als von vorn sah. Ein solcher war Klaus Stahl, ein langer Lulatsch, kräftig gebaut – eben der genetische Gegensatz zu mir. Ich wusste, dass er vor einiger Zeit einmal mit Christine zusammen war. Aber diese Liebe, sofern es eine war, hielt nicht lange. Sie war 14, er war 17. Eines Tages begann er, ihre Bluse aufzuknöpfen – woraufhin die Beziehung sofort beendet war. Christine erzählte mir, dass sie es derart unverschämt fand, dass sie sofort Schluss gemacht hatte.

Christine nahm auch an dem Wettkampf teil. Und obwohl sie so schlecht nicht war, räumte ich ihr kaum Chancen auf den ersten Platz ein. Zum Glück mussten wir nicht gegeneinander antreten, Männlein und Weiblein spielten in separaten Turnieren. Aber sie hatte Glück! Sie war die einzige Teilnehmerin in ihrer Altersklasse und nahm bei der Siegerehrung stolz ihre Goldmedaille in Empfang. Bei mir dagegen lief alles auf einen Zweikampf hinaus – wir waren schließlich nur zwei Teilnehmer, und mein Vereinskamerad Thomas Kluge galt als Favorit. Nachdem ich in Führung gegangen war, glich er aus und gewann die entscheidende dritte Partie. Eine Silbermedaille war zwar auch nicht schlecht, aber doch etwas peinlich. Zumindest, wenn man gefragt wird, wie man abgeschnitten hat und eingestehen muss: „Ich bin Zweiter geworden – von zwei." Aber gewinnen kann eben nur einer.

Mit ihrem ersten Platz hatte Christine das Recht erwirkt, am Bezirksausscheid in Magdeburg teilzunehmen. Ich dagegen würde nirgends hinfahren, weiterhin in der Provinz verharren und mit Bodo und Schwarzi bei Weinbrand und Bier dem königlichen Spiel weitere Geheimnisse entlocken. Am Bezirksausscheid, der über eine Woche dauern sollte, durfte nur der Sieger in den jeweiligen Altersklassen teilnehmen. Eine Woche weniger, die Christine und ich miteinander hatten. Dachte ich.

Ein paar Tage später klingelte es an der Tür. Wir waren gerade bei meinen Eltern, als uns Herr Müller seine Aufwartung machte. Er war ganz aufgeregt, und bot mir an, nein, er verlangte es geradezu von mir, zur Spartakiade nach Magdeburg zu fahren. Thomas Kluge, dem ich beim Kreisausscheid unterlegen war, konnte aus schulischen Gründen nicht daran teilnehmen. Statt vor Freude in die Luft zu springen, zog ich ein Gesicht, als wäre gerade das Schachuniversum untergegangen. Dabei hatte ich alle Zeit der Welt. Die schriftlichen Prüfungen lagen hinter uns, es standen nur noch die mündlichen an. Aber die hatten es dann auch noch mal in sich. Faule Schüler, und die, die auf der Kippe zwischen zwei Zensuren standen, fanden sich in der Regel in drei mündlichen Prüfungen wieder. In meinem Fall waren es Mathe, Staatsbürgerkunde (Stabü) und Astronomie. In Mathe musste ich eine Beweisführung erklären, in Stabü wurde ich nach der Leninschen Klassendefinition gefragt und in Astro, meinem Lieblingsfach übrigens, kam ich mit der Erklärung unseres Sonnensystems über eine enttäuschende Zwei nicht hinaus. In den beiden anderen Fächern entließ mich die Jury, die aus dem Direktor, dem Fach- und dem Klassenlehrer bestand, mit der Note drei.

An jenem Tag, an dem uns Herr Müller besuchte, und mir dieses unheimliche Schach-Angebot unterbreitete, wollte ich vermutlich nur, dass er bettelt. Dabei hatte es das Schicksal doch außerordentlich gut mit uns gemeint. Nicht nur, dass Christine und ich unsere beiden Vereine und unseren Kreis in der Bezirksstadt vertreten sollten. Es war auch eine einmalige Gelegenheit, zum ersten Mal miteinander einen Urlaub zu verbringen. Herr Müller, Mama und Christine überredeten mich schließlich, doch teilzunehmen. Im Grunde hätten sie das gar nicht gebraucht, hatte ich doch schon längst meine Entscheidung getroffen.

Es sollte eine erfolgreiche Spartakiade werden – das hatten wir uns vorgenommen. Mit dem Zug fuhren wir nach Magdeburg, quartierten uns in einem Klassenraum einer Schule ein und bummelten erst einmal durch die Stadt, die etwa zehnmal so groß war wie Stendal.
Die Schaufenster waren hier etwas üppiger gefüllt, das Warenangebot zwar größer und vielfältiger, aber doch nicht so umfangreich, als hätte Erich die Planwirtschaft abgeschafft. Und abends um sechs wurden, im Gegensatz zu Stendal, noch nicht die Bürgersteige hochgeklappt. Hier strömten Menschen noch in alle Himmelsrichtungen. Es herrschte ein Gewimmel wie es es zu Hause nicht einmal im Feierabendverkehr gab.

Es war inzwischen Sommer geworden und eine unerträgliche Schwüle lag über Magdeburg. Aber Christine und ich – wir fühlten uns pudelwohl. Als 16-Jährige waren wir noch nicht so klimaanfällig wie heute. Es waren ungefähr 100 Kinder und Jugendliche aus allen Kreisen des Bezirks angereist, die sich in den kommenden Tagen im königlichen Spiel messen wollten. Und wir beide waren das einzige Pärchen. In puncto Liebe und Beziehung erlebten wir den Garten Eden in diesen Tagen. Damals entdeckte ich meine Liebe zu Großstädten. Seitdem ich mit Christine Hand in Hand durch Magdeburg spazierte, wusste ich, dass es mich eines Tages in eine Großstadt verschlagen würde. Nun, das Leben nahm einen anderen Weg.

Der Tag nach unserer Ankunft hielt eine Überraschung bereit, mit der wir nicht gerechnet hatten. Statt den Kampf um den Spartakiade-Sieg aufzunehmen, erklärte uns der Turnierleiter, dass wir nicht zugelassen würden, weil uns der Vorsitzende des Kreisfachausschusses – Herr Müller – nicht rechtzeitig gemeldet hatte. Aber zum Glück waren wir nicht die einzigen. Mehrere Kreise hatten es versäumt, die Meldefrist einzuhalten. Und so starteten die Turnierverantwortlichen einen Ersatzwettkampf. Natürlich waren wir zunächst enttäuscht darüber, dass wir unsere Kräfte nicht mit den Besten unserer Alterklasse messen durften. Bei diesem Ersatzturnier ging es einzig und allein darum, die Halbstarken einigermaßen bei Laune zu halten. Und um Urkunden, auf die ich heute noch warte. Ersatzturnier hin, Ersatztunier her – wir waren zumindest nicht umsonst nach Magdeburg gefahren.

Christine und ich turtelten wie frisch Verliebte durch das

Spiellokal, durch das Klassenzimmer, in dem unsere Liegen standen, und durch die große Stadt, die unser Gastgeber war.
Es waren die sorglosesten Tage, die ich bis dahin erlebt hatte. Keine Schule, keine Eltern und um mich herum die beiden Dinge, die mein Leben ausmachten: Christine und Schach.
Der Ausgang des Wettkampfes war nebensächlich. Es ging ja schließlich um nichts – und Urkunden, die zu DDR-Zeiten heiß begehrt waren, haben wir nie zu Gesicht bekommen. Es war die Atmosphäre dieser Tage, die diese Spartakiade so unvergesslich machten. In dieser einen Woche erneuerten Christine und ich auch unseren Schwur. So oft wir uns küssten, so oft wir uns streichelten, so oft wir unsere Köpfe aneinanderlehnten, eins wollten wir auf keinen Fall: uns jemals trennen. Nie wieder habe ich an einem Schachturnier teilgenommen, bei dem es so viele knisternde Momente gab.

Natürlich begriff ich nicht erst jetzt, dass Christine ein Juwel war. Stendal war ein Schmuckkästchen, in dem viele wertlose Klunker herumlagen. Eins aber war schön, wie ein geschliffener Diamant: Christine. Sie war der Sonnenschein in meinem Herzen. Sie schaffte es auch immer wieder, wenn es mir mal schlecht ging, mich mit ihrer bezaubernden Art wieder auf den Pfad des Glücks zurückzuführen.
So herrlich diese Zeit in Magdeburg auch war, so schnell verging sie auch wieder. Am letzten Tag erinnerten die Turnierorganisatoren noch einmal an die versprochenen Urkunden. Rein sportlich gesehen, war die Ersatzspartakiade ein voller Erfolg. Ich wurde Dritter, Christine Zweite.

Gegen Mittag fuhren wir mit der Straßenbahn zum Bahnhof. Ob in Magdeburg oder Leipzig – es war immer wieder ein

Erlebnis, in einer „Tatra" befördert zu werden. Nicht nur, dass man sich sehr gut festhalten musste, wenn die Bahn anfuhr – besser war natürlich ein Sitzplatz, da konnte man nicht umfallen – die Bänke waren auch so hart, dass es nicht selten vorkam, dass nach drei Stationen der Hintern eingeschlafen war. Wir fuhren auch an jener Klinik vorbei, in die Christine in der folgende Woche eingeliefert werden sollte.

Sie war nicht etwa krank, sondern reagierte auf irgendetwas allergisch. Und die Götter in Weiß sollten nun die Ursache herausfinden. Obwohl Christine ein fröhliches junges Mädchen war, weckte der Anblick der Medizinischen Akademie eine Traurigkeit in ihren Augen, die ich bis dahin noch nicht gesehen hatte. Jedesmal, wenn sie traurig war, nahm ich sie dann in den Arm und redete wie ein Wasserfall auf sie ein, ein paar Minuten nur, bis sie begann, zu schmunzeln und schließlich zu lachen. Dann musste ich auch lachen. Und wir kabbelten uns, bis wir außer Atem waren. Für Christine und für mich war die Welt dann wieder in Ordnung.

Aber hier in der Straßenbahn konnten wir uns nicht kabbeln. Zumindest nicht, ohne den neugierigen Blicken der anderen Fahrgäste ausgesetzt zu sein. Der Gedanke, dass Christine bald in die Klinik musste, war auch für mich fürchterlich. Sie bemerkte meine nachdenkliche Miene und versuchte, ihre Traurigkeit zu überspielen. Aber eigentlich musste sie das gar nicht.

Liebende, die für ein paar Tage getrennt sind, leiden an Herzschmerzen und können den Moment kaum erwarten, sich wieder in die Arme zu schließen. Aber hier ging es um

Christines Gesundheit. Ich habe zwar nie mitbekommen, dass irgendetwas bei ihr allergische Reaktionen ausgelöst hatte, aber wahrscheinlich wollte sie mich nicht beunruhigen. Christines Gesundheit hatte absoluten Vorrang. Dafür nahm ich eine zeitweise Trennung gern in Kauf. Aber noch war es ja nicht soweit. Jetzt durften wir uns erst einmal von unserem anstrengenden Turnier erholen.

Der Zug Richtung Heimat fuhr irgendwann am Nachmittag. Die anderen Schachspieler, die an der Spartakiade teilgenommen hatten, fuhren südwärts, wir nordwärts. Und so waren waren wir nicht nur das einzige schachspielende Pärchen des Turniers, sondern auch die einzigen Schachspieler in diesem Eilzug, der uns wieder nach Stendal bringen sollte. Der Zug war auch erstaunlich leer, nur vereinzelt standen Reisende auf den Gängen. Unsere Taschen waren nicht besonders schwer, schließlich mussten wir ja keine Medaillen und Pokale nach Hause schleppen.

Wir durchforsteten den Zug nach einem geeigneten Sitzplatz und wurden nach einiger Zeit auch fündig. Wir hatten fast ein ganzes Abteil für uns. Nur eine junge Frau und ihre Tochter saßen uns gegenüber. Die Kleine, ich schätze, sie war vier oder fünf Jahre alt, quengelte die ganze Zeit. „Mama, ich hab' Hunger. Mama, ich hab' Durst. Mama, wann sind wir zu Hause?", fragte die Kleine in einer Tour. Hatte Mama ihren Hunger und ihren Durst gestillt, und ihr bedeutet, dass es noch eine Weile dauern würde, ließ sich der Dreikäsehoch gleich zehn neue Fragen einfallen. Der Mutter war das Verhalten ihrer Tochter wohl etwas peinlich, ihre Wangen waren leicht gerötet.

Der Anblick des Mädchens und ihrer Mutter machte mich nachdenklich. Würden Christine und ich einmal eine Familie gründen, Kinder bekommen und zusehen, wie sie heranwachsen? Würden wir zusammen alt werden? In unserer Phantasie würden wir schließlich Großeltern werden – und sonntags wäre Familientreff. Dann kommen alle zusammen. Alle, die sich lieben. Weil Christine und ich uns liebten.

Es war ein Traum, den wir träumten. Würde er jemals wahr werden? Glaubte ich bisher an die Unzerbrechlichkeit unserer Liebe, so wurde mir beim Anblick dieser kleinen Familie klar, dass es ein steiniger Weg für uns werden würde. Das Leben, das uns geschenkt wurde, damit wir uns kennen- und lieben lernen, dieses Leben würde uns auch wieder des anderen berauben. Alles entsteht und stirbt. Und so wird es uns auch mit unserem Band der Leidenschaft passieren, wenn die Zeit reif ist. Und sie reifte langsam heran. Nur noch wenige Wochen, dann sollten wir uns aus den Augen verlieren. Und Christine würde für mich nur ein Schatten aus der Vergangenheit sein.

Sie hatte es sich in meinen Armen bequem gemacht, während ihre wunderschönen Augen hin- und her huschten. Ich wollte sie nicht beunruhigen, zu friedlich war dieser Augenblick, um ihn mit düsteren Zukunftsgedanken zu unterbrechen. Wir genossen beide diesen Anblick. Und als unsere Mitreisenden am Bahnhof ausstiegen, schauten wir ihnen noch eine ganze Weile nach.
Von Magdeburg nach Stendal sind es rund 60 Kilometer. Damals dachte ich, die Bezirksstadt wäre die Welt. Heute weiß ich: Die Welt ist dort, wo Christine ist. Von Christine getrennt

zu sein, hieße, nicht auf der Welt zu sein. 1984 war ich auf der Welt.

Ein paar Tage später musste Christine wieder nach Magdeburg. Wir fuhren erneut mit dem Zug, aber diesmal schossen mir ganz andere Gedanken durch den Kopf. Zum ersten Mal, seitdem wir zusammen sind, sollten wir mehr als einen Tag voneinander getrennt sein. Hatte sich der Gott der Liebenden gegen uns verschworen?

Christines Aufenthalt in der Klinik war notwendig. Das sah ich ein. Und so war ich wohl zum ersten Mal in meinem Leben nicht egoistisch. Ich dachte nicht an mich, und versank auch nicht in Selbstmitleid, wenn mal etwas nicht so lief, wie ich es mir vorgestellt hatte. Christine war schließlich mein Leben. Und sollte es mir auch für ein paar Tage genommen werden, so wollte ich doch in den letzten Tagen und Wochen ein fürsorglicher Freund sein. Insgheim hoffte ich natürlich, dass unser gemeinsamen Leben auch nach den Sommerferien weitergehen würde. Die Hoffnung stirbt bekanntlich zuletzt. Und sie ist der Motor, der uns antreibt. Was wären wir ohne Hoffnung? Ärmliche Kreaturen, die das Heute hinnehmen, wie es ist. Wir würden nicht einmal wissen, dass es ein Morgen gibt. Ein Morgen, der immer besser ist, als das Heute. Weil das Heute von Morgen gestern ist.

Christine und ich waren auf dem letzten Drücker am Bahnhof. Als wir den Bahnsteig erreichten, fuhr der Zug gerade ein. Laut Fahrplan sollte er nur zwei Minuten in Stendal halten, gerade Zeit genug, um aus- und einzusteigen. Als ich die Tür zugeknallt hatte, fuhr die Bahn schon wieder an. In einer

Stunde sollten wir in Magdeburg sein, und ich in drei Stunden wieder auf dem Rückweg nach Stendal. Und zwar allein.
Diesmal hatten wir nicht so viel Glück, ein ganzes Abteil für uns zu haben. Wir hatten noch nicht einmal einen Sitzplatz. Christine hatte sich auf ihre Reisetasche gesetzt, während ich neben ihr stand und aus dem Fenster starrte.

Teil XV

Mit Volldampf folgte der Zug den Schienen und bahnte sich seinen Weg durch unsere altmärkische Landschaft. Ein Juwel der Natur, der mich von Kindesbeinen an faszinierte. Saftige grüne Wiesen, auf denen Kühe weideten, kleine Flüsse und Bäche, die in ihrer Ursprünglichkeit dahinflossen wie vor 1000 Jahren. Wälder, die so klein waren, dass man von einem Ende zum anderen schauen konnte. Unendliche Äcker, die mit dem Horizont zusammenzustießen schienen. Wenn Erntezeit war, und die Kollektive der Landwirtschaftlichen Produktionsgenossenschaften (LPG) wieder einmal 120 Prozent allen Weizens abernteten, und die Bauern in schweißgetränkten Hemden in ihren Mähdreschern eine Bahn nach der anderen zogen, dann war man zu Hause. Das war die Altmark, in der die heißen Schlote einer spärlich angesiedelten Industrie die Sommerluft zum Wirbeln brachten. Hier war unsere Heimat. Christines und meine.

Ich weiß nicht, ob Christine ebenfalls ergriffen war von der Schönheit, die unsere Altmark zu bieten hatte. Wir haben niemals darüber gesprochen. Darüber reden Heranwachsende eben nicht. Da gibt es wichtigere Dinge. Aber je älter man wird, desto tiefer dringt man in die Geheimnisse der Heimat ein. Man erinnert sich an die alte Zeit, forscht in Archiven herum, durchblättert Zeitungsbände und erfährt so eine Menge über einen Landstrich, in dem man seit seiner Geburt wohnte, im Grunde aber nichts wusste.

Als wir in Magdeburg ankamen, erwischten wir auch gleich eine Straßenbahn, die uns zur Klinik brachte. Die Fahrt dauerte nur ein paar Minuten, aber die vergingen wie im Fluge. Vor uns türmte sich ein sechsstöckiges Gebäude auf, dessen kalte weiße Fassade unzweifelhaft von einem Krankenhaus kündete. Die Bahn fuhr am Patientenpark vorbei, der das ganze Bild menschlichen Schicksals bot. Homines sapientes an Krücken, in Rollstühlen, mit so großen Kopfverbänden, dass man sie auch mit Touristen aus dem Orient hätte verwechseln können. Was sie als gelernte DDR-Bürger verriet, waren die in den Einheitsfarben blau, weiß, rot gehaltenen adretten Bademäntel aus sozialistischer Produktion, in denen sie diesen Sommertag genossen.

Ich schaute Christine an, die ganz in Gedanken versunken war. „Du musst keine Angst haben. Du wirst doch nur untersucht", versuchte ich sie zu beruhigen. „Ich habe keine Angst. Aber die Trennung fällt mir so schwer", sagte sie und warf mir einen Blick zu, der meine Knie weich wie Gummi werden ließ. „Du wirst sehen, wie schnell die Zeit vergeht", sagte ich. Und rechnete ihr vor: „Genau genommen sehen wir uns gerade einmal zwei Tage nicht." Das stimmte ja im Prinzip. Heute hatten wir uns schon gesehen, und in drei Tagen, wenn Christine entlassen wird, würden wir uns auch wieder sehen. Dazwischen lagen lediglich zwei kurze Tage, an denen wir auf die schmachtenden Blicke des anderen verzichten mussten.

So unkompliziert wie heutzutage war Kommunikation über weite Strecken damals nicht, zumindest nicht in der DDR. Das Wort Handy kannte man noch gar nicht, und Telefone waren jenen vorbehalten, die entweder eine wichtige Funktion im Staats- und Parteiapparat ausübten, einem Beruf nachgingen, bei dem man ständig erreichbar sein musste – oder einfach nur

15 Jahre gewartet hatten. Gut, es gab Telefonzellen, in denen man für 20 oder 30 Pfennig auch schon mal ein Ferngespräch führen konnte, und in denen ständig die Telefonbücher fehlten, aber die Ärzte hätten es bestimmt nicht gern gesehen, wenn Christine pausenlos an der Strippe gehangen hätte. Mal abgesehen davon, dass es auf jeder Station nur ein Telefon gab.

Ich hatte natürlich gut Reden. Ich fuhr zurück nach Stendal, konnte mich mit meinen Freunden treffen, Schach spielen, bis zum Sendeschluss fernsehen, während Christine die Tage der Trennung wie eine Ewigkeit vorkommen würden. Sie war ja kerngesund, lag aber trotzdem im Krankenhaus, einem der langweiligsten Orte, den man sich vorstellen kann – vorausgesetzt, man ist nicht ernsthaft krank.

Auf der Rückfahrt dachte ich über unsere Zukunft nach. Es war das erste Mal seit Wochen, dass ich ganz allein war. Stets hatte ich Christine um mich, zumindest in der Zeit, in der ich nicht meine Lehrer mit meiner Faulheit in den pädagogischen Wahnsinn trieb. Noch vor Tagen war es für mich unvorstellbar, dass Christine und ich uns jemals trennen. Doch ich begriff langsam, dass ein D-Zug und ein Abschiedskuss genügen würden, um unser Leben zu verändern.

Als ich abends aus dem Fenster schaute, wo sich die fahlen Lichter der Altstadt am Horizont abzeichneten, wünschte ich mir, ich hätte Christine nie kennengelernt. Es schien unvermeidbar, dass wir auseinandergehen werden. Unvorstellbar groß würde der Trennungsschmerz. Es wird auch nicht einfach sein, unser Leben zu meistern. Ich werde in

Stendal wohnen bleiben, während es Christine hinausziehen wird in die unerforschte fremde Lausitz. Allmählich werden die Tage unserer Jugend verblassen. Orte, an denen wir glücklich waren, würden zu flüchtigen Gedanken an die Vergangenheit.

Würde Christine nach Jahrzehnten zurückkehren nach Stendal, so malte ich mir aus, wäre ich ein alter Mann. An unsere gemeinsame Zeit würde nichts mehr erinnern. Stendal wird dann nicht mehr das Stendal sein, in dem ich die besten Jahre meines Leben verbracht habe. Niemand würde auch nur ahnen, dass hier einmal vor langer Zeit eine junge Frau und ein junger Mann gelebt haben, die außer ihrer Liebe füreinander nichts besaßen. Unser Leben wird zu Ende gehen, ohne dass es angefangen hat.

Die Tage, die Christine in der Klinik verbringen musste, waren die leersten, die ich bis dahin erlebt hatte. Ich fühlte mich im Stich gelassen. Wenn ich mit Bodo, Schwarzi und dem Doktor Schach spielte, triumphierten meine Freunde auf dem Brett. Nachts konnte ich nicht schlafen, tagsüber konnte ich mit mir nichts anfangen, und wenn, dann hatte ich nur einen Gedanken: Christine.

Physisch anwesend war ich in Stendal, emotional in Magdeburg, bei meiner Liebsten, die irgendwelche Tests über sich ergehen lassen musste. Doch die Zeit der Einsamkeit verging, und es kam der Tag, an dem ich meine Christine in die Arme schließen konnte.

Sie wurde an einem Freitag entlassen. Es war früher

Nachmittag, als ich aus der Schule kam, meine Tasche in die Ecke warf, Mama begrüßte und mich auch gleich wieder verabschiedete. Sie fragte nicht, sie wusste, dass der Tag gekommen war, an dem ihr Sohn wieder glücklich sein durfte. Die Bushaltestelle, an der ich Christine vor vier Monaten wiedergetroffen hatte, war menschenleer um diese Zeit. Und ausnahmsweise war der Bus auch mal pünktlich. Jetzt konnte mich nichts mehr aufhalten, meine Christine nach Hause zu holen. Nur noch eineinhalb Stunden trennten mich von meiner Liebe.

Als ich in Magdeburg aus der Straßenbahn stieg, und die Klinik sah, lief es mir eiskalt den Rücken hinunter. Hinter diesen trostlosen kalten Mauern verlebte Christine die zurückliegenden Tage. Sie tat mir so leid.
So schmerzhaft diese kurzzeitige Trennung auch war, so konnte ich ihr auch etwas Positives abgewinnen. Ich konnte mir endlich Klarheit über die Zukunft verschaffen. Wie es in ein paar Wochen aussehen wird, wenn Christine in Weißwasser leben würde. Ich wusste, dass ich nie wieder so lieben werde wie in diesen Tagen. Ich wusste auch, dass meine Gefühle gegenüber anderen Menschen nicht vergleichbar mit denen wären, die ich für Christine empfand. Man hat nur einmal im Leben die Chance, der Liebe seines Lebens zu begegnen, mir wurde sie schon mit 16 gegeben. Es ist eine Ironie, dass das Leben mir diese Chance gab, um sie mir wieder zu entreißen.

Es war eine riesige Klinik, in der sich Christine hatte untersuchen lassen. Ich hatte aber keine Probleme, das Zimmer zu finden, in dem ich mein Mädchen vor einigen

Tagen abgeliefert hatte. Jenen Anblick werde ich niemals vergessen: dieses unbeholfene Geschöpf, das im Bademantel und mit Hausschuhen über den Flur schlich, als es sich von mir verabschiedete. Doch jetzt war ich wieder bei ihr, die Zeit der Trennung und der seelischen Schmerzen hatte ein Ende. Für uns beide.

Als ich ins Zimmer kam, saß sie abreisefertig auf dem Bett. Ihre Sachen waren fein säuberlich gepackt, und ihre Augen begannen zu strahlen, als sie mich erblickte. „Ich habe dich so vermisst", flüsterte sie, während sie mir um den Hals fiel. Sie musste mit sich ringen, ihre Tränen zu unterdrücken. Ich aber wollte nicht kämpfen. Als Christine sah, dass ich weinte, fragte sie sorgenvoll: „Was ist passiert?". „Nichts", antwortete ich schluchzend. „Ich freue mich nur so, dass ich dich endlich wieder habe." Christine küsste mich auf die Wange und trocknete meine Tränen mit ihrem Mund. Es sollten nicht die letzten Tränen gewesen sein, die ich wegen Christine vergossen hatte. Aber diesmal waren es Freudentränen.

Eine halbe Stunde nur verbrachte ich an diesem Ort der kleinen und großen Krankheiten. Die Abmeldeformalitäten mussten schließlich erledigt werden. Dann waren wir endlich frei. Ich ergriff Christines Reisetasche und endlich machten wir uns auf den Heimweg. Christines Tasche in der einen Hand, mein Mädchen an der anderen, steuerten wir die Straßenbahnhaltestelle an.

Auf dem Bahnhof war um diese Zeit die Hölle los. Feierabendverkehr. Menschen aus allen Teilen unserer Republik, so kam es mir zumindest vor, strömten in die

Bezirksstadt und wieder hinaus. Hier ein Fetzen sächsisch, dort ein Stückchen Fischkoppdialekt und zwischendurch Spuren der Berliner Schnauze. Ich hielt meine Christine ganz fest im Arm, während wir auf den Zug warteten. Einen Sitzplatz auf einer der spärlich verteilten Bänke auf dem Bahnsteig zu erhaschen, war vollkommen unmöglich. Und so klammerten wir uns aneinander, als ob wir die einzigen Verliebten auf dieser Welt wären. Man sah zwar einige Paare, die auf den selben Zug warteten wie wir, doch Christine und mich verband etwas ganz Besonderes: Wir waren das erste Mal bis über beide Ohren verliebt.

Gedanken schossen mir durch den Kopf, wie ungerecht das Leben doch war. Konnte Christine nicht in Stendal bleiben? Oder zumindest in der Nähe, zum Beispiel bei ihrem Vater in Klietz? Offenbar führte dort aber kein Weg hin. Wir sind damals gar nicht auf die Idee gekommen, dass Christine hätte bei ihrem Vater leben können. Aber selbst, wenn es möglich gewesen wäre, hätte Mutter Bähne bei diesem Altmark-Komplott bestimmt nicht mitgespielt.

Während wir auf den Zug warteten, hielten wir uns so fest im Arm, dass wir die neidischen Blicke der Mitreisenden spürten. „Ach, muss Liebe schön sein", warf uns eine Frau zu, die neben uns stand. Und ob sie schön ist! Liebe lässt uns zu Menschen werden. Sie kann so schmerzhaft sein. Sie kann aber auch die Ketten sprengen, an denen uns Hass, Neid und Missgunst zu fesseln versuchen. Liebe kann Berge versetzen. Liebe ist stärker, als alles, was jemals geschehen ist und noch geschehen wird.
Eine erste Vorahnung, wie schmerzhaft Liebe sein kann, hatte

ich in den zurückliegenden Tagen erfahren müssen. Während wir uns auf dem Bahnsteig aneinander klammerten, flüsterte ich Christine ins Ohr: „Du darfst mich niemals verlassen." Natürlich wusste ich, dass das unmöglich sein wird. Christine blickte auf, und ich erkannte kleine Tränen, die in ihren Augen geboren wurden. Worte brauchten wir nicht. Ein inniger Kuss sagte alles an diesem späten Juninachmittag auf dem Magdeburger Hauptbahnhof.

Vater Bähne lebte in Klietz, einer 1500-Einwohner-Gemeinde, etwa 30 Kilometer nordöstlich von Stendal. Eines Tages beschlossen Christine und ich, ihn zu besuchen. Ich freute mich darauf, den Meister der Aluchips einmal ganz privat kennenzulernen. Es herrschte Postkartenwetter an diesem Sonntag. Die Sonne brannte unbarmherzig vom tiefblauen Himmel, alles Leben stöhnte unter der sengenden Hitze. Und doch wollten wir mit dem Rad nach Klietz fahren, zu kostbar sind Hochsommertage, als sie in einem stickigen Zugabteil zu verbringen.

Wir ließen uns alle Zeit der Welt und radelten gemütlich die F 188 entlang. Uns trieb niemand. An der Elbe bei Tangermünde legten wir eine Pause ein, holten unseren Picknickkorb hervor, beobachteten die Schiffe, erkundeten das Ufer und suchten möglichst abgeflachte Steine, um sie dann in einem spitzen Winkel auf das Wasser zu werfen. In der Hoffnung, dass sie so oft wie möglich abgestoßen werden, um dann in den Fluten der Elbe zu versinken. Wir ließen es uns einfach gut gehen, inmitten dieser malerischen Landschaft am Rande dieser zauberhaften Kleinstadt. Ein paar Kilometer weiter hatten wir uns ein schattiges Plätzchen gesucht. Wir saßen unter einer

Eiche, die wahrscheinlich schon mehr gesehen hatte, als wir jemals sehen werden. Um es mit Goethes Worten zu sagen: Hier waren wir Menschen, hier durften wir es sein.

Aber unser Ziel war nicht die alte Eiche, die auf halber Strecke zwischen Stendal und Klietz ihr Dasein fristete, sondern das Haus von Vater Bähne. Am späten Nachmittag kamen wir endlich an. Ich war zum ersten Mal in Klietz. Ich war beeindruck. Eine gepflegte kleine Gemeinde, wie es sie mit den Jahren immer weniger in Ostdeutschland gegeben hatte. Die meisten Häuser waren in einem für DDR-Verhältnisse erstaunlich guten Zustand, die mit liebevoll angelegten Vorgärten ein harmonisches Bild abgaben. Und doch war Klietz kein außergewöhnliches Dorf im Arbeiter- und Bauernstaat. Es war eine Gemeinde, in der der ABV (Abschnittsbevollmächtiger) die polizeiliche Gewalt ausübte – die Bullikative – und die Normen in der Hühnerfarm „Rotes Ei" mussten ebenso zu Ehren des VIII. Parteitages erfüllt werden wie im Forstbetrieb „Stämmige Kiefer". Straßen, Betriebe und Brigaden trugen Namen antifaschistischer Widerstandskämpfer und Aktivisten der ersten Stunde, die sich in den Anfangsjahren der DDR Anerkennung und Respekt verschafft hatten. Klietz war eben ein ganz normales Dorf im sowjetisch besetzten Teil Deutschlands.

Stand man an der Kirche des Ortes, und schritt die Dorfstraße noch 200 Meter entlang, hatte man das Anwesen von Vater Bähne erreicht. Das erste, das ins Auge fiel, war ein großes braunes Tor, das offenbar erst kürzlich einen neuen Anstrich erhalten hatte. Zum Glück war es nicht verschlossen, sodass wir auf den Hof gelangten und am Wohnhaus klingelten. Aber so oft wir auch schellten und klopften, es öffnete niemand. Vater Bähne war scheinbar nicht zu Hause. Da hat man davon, wenn man einen vielbeschäftigten Bankdirektor ohne Vorwarnung besuchen will. Christine und ich schauten uns ratlos an. Was sollten wir tun? Sollten wir wieder nach Stendal radeln? Die 30 Kilometer hatten uns doch mehr beansprucht, als wir es für möglich gehalten hatten. Sicher hätten wir es nach Hause geschafft, aber Christine war nicht wohl bei dem Gedanken, auf einer unbeleuchteten Landstraße, die auf beiden Seiten von furchteinflößenden mächtigen Wäldern gesäumt war, durch die stockfinstere Nacht zu radeln.

Nach Hause zu fahren kam also nicht infrage. Wir beschlossen, auf den nächsten Zug zu warten. Aber der fuhr erst in neun Stunden. Neun Stunden! Wenn wir mit dem Rad zurückgefahren wären, hätten wir um diese Zeit längst im Bett gelegen. Außerdem mussten wir am nächsten Tag doch in die Schule. Uns war klar: Wenn wir die ganze Nacht in Klietz bleiben und auf den Zug warten, der um 6 Uhr früh fahren sollte, konnten wir den Unterricht getrost vergessen. Wir hätten mit der Müdigkeit zu kämpfen wie ich mit den Formeln im Chemie-Unterricht.

Zum Glück regnete es nicht. Eine warme und sternenklare Nacht deutete sich an, sodass wir unsere Räder auf Vater Bähnes Hof stellten und in Richtung Bushaltestelle, die nicht weit vom Bahnhof gelegen war, schlenderten. Die Haltestelle selbst war ein einfaches Blechhäuschen und erinnerte an eine Kate. Die Kirchturmuhr schlug zehnmal, als wir uns in unser Warte-Schicksal begaben. Nur noch acht Stunden.
Wir setzten uns in die Hütte und begannen zu erzählen. Zuerst

mehr oder weniger bedeutungsvolle Begebenheiten aus unserem Leben, und dann, als uns keine mehr einfielen und es kurz nach Mitternacht war, Gruselgeschichten. In unseren Vorstellungen floss kein Blut, aber eine Gänsehaut erzeugten sie allemal. Christine berichtete von einem Horrorfilm, den sie mal gesehen hatte. Darin zogen dichte Nebelschwaden übers Meer, die einen Leuchtturm und ein daneben liegendes Dorf einhüllten. Es war der Nebel des Grauens. Immer, wenn die ersten Schwaden am Horizont auftauchten, wussten die Bewohner des kleinen Ortes, dass wieder etwas Fürchterliches auf dem Leuchtturm geschehen wird. Christine kannte eine Menge solcher Geschichten. Ich habe mir den Film („The Fog") Jahre später mal geschaut, er war nicht annähernd so spannend, wie Christines Nebelgeschichte.
Ich versuchte, die gespenstische Atmosphäre ein wenig aufzulockern, indem ich hin und wieder einen Witz einstreute. Aber Christine hatte selbst vor ihren eigenen Gruselgeschichten so viel Respekt, dass sie auf meine Versuche, die Situation ein wenig zu entspannen, überhaupt nicht reagierte. Manchmal hatte ich den Eindruck, dass sie regelrecht weggetaucht war in ihre Fantasiewelt.

Ihr Blick ging ins Leere. Und so witzig meine kleinen Einstreuer auch waren, sie verzog keine Mine. „He, wach wieder auf", versuchte ich, mein Mädchen ins Hier und Jetzt zurückzuholen. Und plötzlich, als habe ihre Seele wieder von ihrem Körper Besitz ergriffen, drehte sie ihren Kopf, schaute mich an und küsste mich. „Was war denn? Du warst ja richtig abwesend." „Ja, ich musste an etwas denken." „An deine Gruselgeschichten?" „Ich dachte daran, wie es wohl sein wird, wenn ich in Weißwasser wohne." „Ach Christine. Wir haben doch noch ein paar Wochen Zeit. Die Nacht ist so herrlich, die werde ich mein Leben nicht vergessen. Lass uns die Wochen, die uns noch bleiben, nicht mit solchen Gedanken verschwenden. Der Zeitpunkt, an dem unsere Liebe und Treue geprüft werden, der kommt noch früh genug."

Ich wollte in dieser Nacht einfach nicht über unsere bevorstehende Trennung reden, obwohl sie immer mehr Gestalt annahm. Der Gedanke, dass wir uns eines Tages nicht mehr haben werden, machte mich regelrecht krank. Selbst, wenn wir uns nicht trennen würden, und uns höchstens einmal im Monat für ein paar Stunden oder in den Ferien sehen könnten, dann würden die nächsten Jahre für uns härter werden als die Braunkohlenflöze in der Oberlausitz.
Irgendwann, weit nach Mitternacht, nickten wir ein. Ich saß kerzengerade, hatte Christines Kopf auf dem Schoß, während sie es sich auf der Bank bequem gemacht hatte. Es war eher ein Dahindämmern als Schlaf. Nach ein paar Minuten war ich wieder hellwach. Christine sah so friedlich aus. Sie wärmte sich bei mir und suchte Schutz, vor wem auch immer. Vor der Welt? Vor Enttäuschung? Unser Leben hatte endlich einen Sinn bekommen. Aber die Zeit war abzusehen, an dem es wieder sinnlos werden sollte. Doch vielleicht gab es ja noch eine Chance, auch, wenn wir nicht wussten, wie sie aussehen würde.
Christine schlummerte friedlich dahin. Ich streichelte ihr Gesicht und gab ihr einen Kuss auf die Stirn. Sie räkelte sich, schaute kurz auf, um festzustellen, dass wir noch immer in der Bushaltestelle ausharrten.

„Ich habe Hunger", sagte sie, nachdem sie so ausgiebig

gegähnt hatte, dass ich ihr Zäpfchen sehen konnte. „Ich könnte auch etwas vertragen. Lass uns in Richtung Bahnhof marschieren", schlug ich vor, in der Hoffnung, mich an einem Mitropa-Kiosk mit einer Bockwurst für 95 Pfennige stärken zu können. Christine nickte. Bis zum Bahnhof – oder besser gesagt: Haltestellenpunkt der Deutschen Reichsbahn – war es ein guter Kilometer. Es war schon ein eigenartiges Gefühl, mitten in der Nacht durch ein Dorf zu laufen, das ich nicht kannte. Es war totenstill. Noch nicht einmal die Vögel kündigten den Sonnenaufgang an, der sich bald abzeichnen sollte.

Wir benötigten für den kurzen Weg etwa eine Viertelstunde. Als wir endlich am Bahnhof angelangt waren, meinte ich, ein zartes Piepsen zu vernehmen. Ich drehte mich um, schaute in Richtung Osten – und tatsächlich: Der Himmel schien eine Nuance heller zu sein, als der übrige Teil des Firmaments. Ein neuer Tag brach an. Bis wir endlich die Heimreise antreten können, sollte es allerdings noch etwas dauern – bei Sonnenaufgang noch etwa eine Stunde. Inzwischen hatte auch Christine einige Vogelstimmen vernommen und schien erleichtert. Ich denke, die Nacht hatte sie ganz schön mitgenommen.

Während die Sonne den Morgen begrüßte, und Minute für Minute höher stieg, musste ich wieder an die Gruselgeschichte denken, die Christine in der Nacht erzählt hatte. Vor uns befand sich ein Getreidefeld, und als die ersten Sonnenstrahlen auf die feuchte Erde trafen, zog Dunst auf. Einige Schwaden bahnten sich einen Weg über den Acker, um daraufhin, kurz vor dem Bahnhof im Nichts zu verschwinden.

Klietz war ein Ort, in dem viele Einwohner in der

benachbarten LPG in Scharlibbe arbeiteten. Daher war auch der Bahnhof zu so früher Stunde noch menschenleer. Und doch war der Triebwagen, als er in Klietz hielt, bereits gerammelt voll. Wir waren die einzigen, die hier zustiegen, unsere Mitreisenden hatten sich bereits in Sandau auf den Weg gemacht. Kaum hatten wir die Tür hinter uns verschlossen, setzte sich die „Ferkeltaxe", wie wir Triebwagenzüge nannten, in Bewegung.

Teil XVI

Um nach Stendal zu gelangen, mussten wir umsteigen. Etwa 15 Kilometer hinter Klietz, in Schönhausen. Und dann waren es noch einmal ungefähr 20 Kilometer bis wir den Bahnhof unserer Heimatstadt erreichten.
Die Ferkeltaxe war zwar besetzt bis auf den letzten Stehplatz, indessen reichte die Kapazität von zwei Wagen vollkommen aus. Denn auf den Bahnsteigen in Neuermark-Lübars und Hohengöhren stand keine Menschenseele. Die Fahrt nach Hause dauerte eine Stunde. Und ich war verwirrt. Eben hatten wir noch auf dem Bahnhof gestanden und die morgendliche Stille genossen, jetzt waren wir zwei Mosaiksteinchen, die sich den Weg durch den Berufsverkehr bahnten und nach Hause wollten. Eins hatten wir uns aber vorgenommen: Wir wollten unbedingt noch in die Schule. Christine wollte ihre Nase noch in das eine oder andere Schulbuch stecken, ich dagegen war völlig am Ende. Als wir uns verabschiedeten – ich schlief bei meinen Eltern – ermahnte sie mich noch, gar nicht auf die Idee zu kommen, blau zu machen. Ich versprach es ihr – und kreuzte meinen Zeige- und meinen Mittelfinger der rechten Hand hinter meinem Rücken. Zum Glück sah sie es nicht.

Angekommen in der Artur-Becker-Straße fiel ich wie tot ins Bett. An Schlaf war aber erst einmal nicht zu denken, denn Mama machte einen riesigen Aufstand. Sie verstand es nicht, warum ihr Junge, der kurz vor dem Abschluss stand, an diesem Tag nicht mehr in die Schule gehen wollte. Irgendwann beruhigte sie sich wieder, und als sie nichts mehr zu sagen hatte, schlief ich sofort ein.

Gegen Mittag, also etwa sechs Stunden später, hatte ich zwar noch nicht ausgeschlafen, aber ich wollte nicht den ganzen Tag im Bett verbringen. Schließlich hatten Christine und ich uns für den frühen Nachmittag verabredet. Und ich wollte keine Minute mit meinem Mädchen verpassen.

Meine Freunde Bodo Schwarzi und der Doktor hatten sich in letzter Zeit ziemlich rar gemacht. Oder besser gesagt: Ich war es, der sie nicht gerade mit Besuchen überhäufte. Ich hatte nur noch Christine im Kopf, alles andere war für mich bedeutungslos geworden. Sogar Schach war nur noch Nebensache. Zwar ging ich freitags regelmäßig zum Training, aber außer den zwei, drei Stunden, die wir am Schachbrett verbrachten, spielte sich so gut wie nichts mehr ab. Ich wollte nur noch mit meinem Mädchen zusammen sein, s dass aus dem einst dynamischen Quartett ein enttäuschtes Trio übrig blieb.

Ich sollte doch meine Christine nicht mehr lange haben. Ich genoss jede Umarmung, jeden Kuss, als wenn er der letzte wäre. Jede Sekunde mit ihr war ein Glücksmoment. Wir wussten, dass wir Spuren hinterlassen werden. In unserer Seele. Spuren, die uns immer aneinander erinnern werden.

Am Nachmittag erschien Christine, wie angekündigt. Mama öffnete ihr die Tür, nur, um sie mit dem unerhörten Skandal zu empfangen, dass ihr Sohn heute die Schule geschwänzt hatte. Ein wenig wunderte ich mich, dass Christine auf diese Nachricht anders reagierte, als ich es erwartet hatte.
Christine und Mama verstanden sich sehr gut. Vielleicht war ihre Schwiegermutter in spe auch eine Art Mutterersatz, weil

ihre Mama ja schon seit Monaten in Weißwasser wohnte. Noch Jahrzehnte später erinnerte mich Mama immer wieder an meine Vergangenheit, verglich meine Freundinnen stets mit Christine. Aber sie konnten ihr allesamt nicht das Wasser reichen, meinte Mama. Nur eine war später mal verdammt nah dran.

Ich hatte keine Lust, in einer Dreierrunde auszuwerten, warum ich nicht in der Schule gewesen war. Ich war noch immer müde und stand noch unter dem Eindruck der vergangenen Nacht. Und so flüchteten wir uns in mein Zimmer, schlossen ab und ließen Mama draußen stehen. Ich staunte nicht schlecht, als Christine mir erzählte, dass sie auch nicht in der Schule gewesen war. Hätten wir uns nur früher dazu entschieden, wir hätten den Tag auch zusammen verschlafen können. Allerdings wäre Mama in diesem Fall wohl auf die Barrikaden gegangen.

Ich war das älteste von drei Kindern – und die haben es nicht immer leicht, wenn sie flügge werden. Es war ja das erste Mal gewesen, dass ich, ohne Bescheid zu sagen, die Nacht über nicht nach Hause gekommen war. Und hätte ich auch am darauffolgenden Vormittag nichts von mir hören lassen, hätte Mama uns wahrscheinlich aus den Federn geklingelt, Christine und mir eine Standpauke gehalten und sich mächtig aufgeregt über so viel jugendliche Unverschämtheit.
Von nun an ging aber alles wieder seinen sozialistischen Gang. Wir wohnten nach wie vor zusammen, gingen zur Schule und verbrachten die gesamte Zeit miteinander.

Obwohl wir uns überhaupt nicht mehr mit Bodo, Schwarzi

und dem Doktor trafen, hatten wir nie Langeweile. Oft saßen wir stundenlang zusammen, hörten Udo Lindenberg und sprachen darüber, wie es wohl sein würde, wenn wir tatsächlich heirateten. Das waren keine Spinnereien. Eine Hochzeit schien uns der einzige Weg zu sein, zusammenzubleiben. Wir kamen uns damals schon sehr erwachsen vor und verstanden es nicht, dass es sehr schwer werden würde, Christines Mutter zu einem Eingeständnis zu bewegen. Heute denke ich natürlich anders darüber. Ich würde meiner Tochter, wenn ich denn eine hätte, auch nicht erlauben, mit 16 Jahren zu heiraten. Obwohl eine Trennung unvermeidlich war, wussten wir, dass es irgendwo dort draußen immer einen Menschen geben wird, mit dem man seine Vergangenheit geteilt hat.

Der Juli war der vorletzte Monat, indem Christine und ich glücklich waren. Und ich hatte inzwischen das biblische Alter von 17 Jahren erreicht. Aber unsere große Zeit war vorbei. Immer öfter fuhr mein Mädchen nach Weißwasser, half auf dem Bau und kümmerte sich um ihre Familie. Christines Großmutter lebte mit Mutter Bähne zusammen in einer WBS-70-Wohnung in der Straße des Bergmanns in Weißwasser. Das Domizil im Plattenbau sollte nur ein vorübergehendes sein. Immerhin sollte es noch ein halbes Jahr dauern, bis das Haus im vier Kilometer entfernten Gablenz fertiggestellt war. Vorausgesetzt, es ist immer genügend Baumaterial vorhanden.

In der Regel blieb Christine zwei oder drei Tage in Weißwasser. Und ich musste erstaunt feststellen, dass ich nicht so niedergeschlagen war, sobald sie sich auf die Reise in die Lausitz machte. Liebte ich sie nicht mehr? Natürlich, mehr als alles andere auf der Welt. Mein Unterbewusstsein hatte sich auf die herannahende Trennung eingestellt, sodass es mir besser als gedacht gelang, meine Trauer zu unterdrücken. Jedesmal, wenn ich Christine vom Bahnhof abholte, fühlte ich, dass wieder ein Stück unserer Liebe gestorben war. Sie wurde mir immer fremder.

Auf der anderen Seite war sie mir vertraut wie kaum ein Zweiter. Immer wenn sie nach Stendal zurückkehrte, erzählte sie mir von ihren Reiseerlebnissen. Etwa, dass junge Männer ihr Avancen im Zug gemacht hatten, oder dass sie sich mit anderen einfach nur nett unterhalten hatte. Dass das nicht gerade Balsam für meine junge geschundene Seele war, besonders was die Avancen betraf, bemerkte sie eines Tages. „Ich bin so dumm. Ich weiß, dass es dir zu schaffen macht." Ich erwiderte nichts, sondern nahm sie in den Arm. Ich wollte sie nie wieder loslassen. Aber ob ich wollte oder nicht: Das Band unseres gemeinsamen Lebens hatte erste Risse bekommen. Wir hatten nicht mehr viel Zeit, unsere Liebe auszuleben. Bis zu unserer Trennung, an die wir zu diesem Zeitpunkt immer noch nicht glauben wollten, sollte nicht einmal mehr ein Monat vergehen.

Doch bis dahin wollte ich wenigstens die Stadt kennenlernen, in der mein Mädchen seine unmittelbare Zukunft verleben würde. Nach dem Abitur wollte sie ja ohnehin nach Berlin ziehen, um in der Hauptstadt zu studieren. Lehrerin war ihr Traumberuf.
Weißwasser war, ebenso wie Stendal, eine Kreisstadt. In der Oberlausitz gelegen, war sie mit rund 35.000 Einwohnern etwas kleiner als die Altmarkmetropole, die damals 46.000

Bewohner zählte. Der Kreis im Bezirk Cottbus war der waldreichste der Republik. Trotzdem hatte ich das Gefühl, dass hier nicht schon um 18 Uhr die Bürgersteige hochgeklappt wurden, wie es in meiner Heimatstadt üblich war.

Mutter Bähne und ihre Mutter, Oma Auerbach, die eigentlich Marianne hieß und 74 Jahre alt war, hatten sich übergangsweise in einer Neubauwohnung eingemietet. In einem dieser großen Wohnblocks, wie sie überall in der DDR in den 80er-Jahren aus dem Boden gestampft wurden. Von außen ziemlich unansehnlich, war er in seinem Farbton dem vielzitierten sozialistischen Einheitsgrau angepasst. Trotzdem genossen solche Arbeitergaragen, wie die Neubauwohnungen im Volksmund genannt wurden, einen besseren Ruf als ihnen vorauseilte.

Und wer schon in sozialistischen Glanzzeiten weder über das nötige Kleingeld noch über Beziehungen verfügte, hatte wenigstens eine saubere moderne Unterkunft, die höchsten menschlichen Ansprüchen genügte. Und preiswert waren solche Wohnungen allemal.

Weil unsere staatstragenden Persönlichkeiten sich auf dem Weg zum Kommunismus von nichts und niemandem aufhalten lassen wollten, und ihren Traum von der Gleichheit aller Menschen träumten, wohnten in den Blocks nicht nur Schichtarbeiter und Angestellte, sondern auch Doktoren, Professoren – und Prominente. In Weißwasser war es Achim Mentzel, der im selben Aufgang wie die Bähnes ein Domizil gefunden hatte. Bei meinem ersten Besuch hatte Christine gemeint: „In unserem Haus wohnt ein bekannter Opernsänger." Sie war einfach niedlich, kannte Achim Mentzel nicht und hatte keine Ahnung davon, dass er Volksmusiksänger und Schunkelbarde war. Zu ihrer Verteidigung: 1984 steckte die Karriere Mentzels noch in den Kinderschuhen.

Der Block in der Straße des Bergmanns in Weißwasser stand in einer Satellitenstadt, die aber nicht, wie in Stendal, von der Altstadt abgetrennt war. Eine Promenade, von Lindenbäumen gesäumt, verband das historische Weißwasser mit dem Stadtteil, in dem die Errungenschaften des Sozialismus emporwuchsen.

Zehn Minuten dauerte der Fußmarsch vom Bahnhof in die Satellitenstadt. Dann türmte sich vor einem der gewaltige elfgeschossige Betonklotz auf. Ich wusste damals genau, welches Fenster zu Christines Zimmer gehörte. Als ich fast 20 Jahre später in Weißwasser ein paar Tage der Erholung verbrachte, erkannte ich alles wieder. Ich konnte in dem Fensterwirrwarr zwar nicht mehr das ausmachen, das zur Wohnung der Bähnes gehörte, aber ich wusste, dass ich meiner Vergangenheit sehr nah war.

Mutter Bähne empfing mich mit argwöhnischen Augen. Sie hatte es wohl oder übel akzeptiert, dass sich ihre Tochter für einen Jungen aus einfachen Verhältnissen entschieden hatte.
Ich war sicher nicht ihr Traum-Schwiegersohn, aber sie bemühte sich, die Situation so zu akzeptieren, wie sie nun einmal war. Dennoch konnte sie es sich nicht verkneifen, hin und wieder einen kleinen Giftpfeil in Richtung meiner

zweifelhaften Herkunft abzuschießen. Einmal, als wir abends zusammensaßen und uns unterhielten, sagte sie halb entrüstet, halb fordernd: „Aber ihr wollt doch später bestimmt ein Auto haben." Ein Satz, der heute banal klingt. Damals aber war ein Gefährt auf vier Rädern ein Lebensziel. Für ein Auto musste man nicht nur eisern sparen, sondern auch noch 15 Jahre warten – eine Ewigkeit für einen 17-Jährigen.

Mutter Bähne war ein ausgesprochener Familienmensch, und die Verwandtschaft war ihr heilig. So lebte ihre Mutter, Oma Auerbach, mit in der Drei-Zimmer-Wohnung. Oma hatte ihr eigenes kleines Reich und war das völlige Gegenteil ihrer Tochter. Meine Großmutter mütterlicherseits starb schon in den 70er-Jahren. Und so habe ich es nie erfahren können, wie es ist, als Teenager von Oma verwöhnt zu werden. Aber ein wenig verwöhnt wurde ich doch – von Oma Auerbach.
Sie war damals schon sehr krank, hatte Zucker und musste täglich gespritzt werden. Oma schaffte es nicht mehr selbst, sich die Nadel in die Haut zu stecken. Und so übernahmen Mutter Bähne und Christine diese Aufgabe. Dabei ging Christine so behutsam zu Werke – ich denke, sie wäre auch eine hervorragende Ärztin geworden.

Der Zucker bewirkte, dass Oma unter starkem Juckreiz litt. Die Haare waren ihr teilweise schon ausgefallen, wobei ich nicht zu sagen vermag, ob der Haarausfall auf den Zucker oder auf das ständige Kratzen zurückzuführen war. Die Frau muss eine wahre Tortur durchlebt haben. Aber ich habe sie niemals jammern hören.

Oma Auerbach vergötterte ihre Enkelin. Und sie mochte mich.

Während es mir nie gelang, einen Draht zu Mutter Bähne zu finden, verstanden Oma Auerbach und ich uns auf den ersten Blick. Sie war die Oma, die ich nie hatte. Wenn ich morgens in Christines Bett schlüpfte – natürlich ließ uns Mutter Bähne nicht zusammen schlafen – dann bekam Oma Auerbach das zwangsläufig mit. Aber sie verpetzte uns nicht. Auf sie war hundertprozentig Verlass.

Oma verstand es ausgezeichnet, sich in die Lage anderer Menschen zu versetzen. Sie hatte Verständnis für uns, für unsere jugendliche Denkweise. Leider hatten wir nie die Gelegenheit, uns einmal ausführlich mit ihr zu unterhalten. Ich hätte gern mehr erfahren über die Frau, die die Schrecken des Krieges durchlebt und im Alter so tapfer und geduldig ihr Leid ertragen hatte. Christine und Mutter Bähne gaben ihr die seelische Kraft, ihre körperlichen Schmerzen einigermaßen zu ertragen. Für Oma Auerbach war die Familie der Sonnenschein im Spätherbst ihres Lebens.

Jedesmal, wenn ich in den folgenden Wochen – es waren ja Sommerferien – nach Weißwasser fuhr, beschlich mich ein ungutes Gefühl. Ein Gefühl der Hoffnungslosigkeit und der Ohnmacht. Ich sollte mein Mädchen an diese Stadt verlieren, die ich nicht kannte, von der ich nichts wusste. Fremde Menschen in einer fremden Stadt. Zum ersten Mal in meinem Leben war ich auf mich allein gestellt. Meine Freunde, meine Familie – sie waren weit weg. Ich hasste Weißwasser nicht, im Gegenteil. Ich war neugierig, wollte wissen, wo Christine die nächsten beiden Jahre leben wird.

Wir waren noch ein Paar, aber innerlich hatten wir uns bereits getrennt, als ich das erste Mal in Weißwasser war. Es war eine

Trennung auf Raten. Ich sollte Christine an diese Stadt verlieren, auch, wenn sie noch ein- oder zweimal nach Stendal kommen würde.

Als ich das erste Mal in Weißwasser war, wussten wir überhaupt nichts mit uns anzufangen. Wir saßen im Wohnzimmer, machten Quatsch und warteten sehnsüchtig auf „Ronnys Popshow". Das war eine Musiksendung. Ein Schimpanse präsentierte aktuelle Hits. Damals besaßen Moderatoren eben noch Niveau.

Wie ein Schimpanse kam ich mir auch vor, als uns Christines Cousinen einen Besuch abstatteten. Sie waren einfach nur neugierig – und mit meinem Mädchen überhaupt nicht zu vergleichen. Zuhause aufmüpfig, drei Kilo Schminke im Gesicht, nur Jungs und Disko im Kopf – hier prallten Welten aufeinander. Das wurde mir schlagartig klar, als ich ihren Nachnamen erfuhr: Prall.

Christine wurde von ihrer Familie geliebt und half, wo sie nur konnte. Den Cousinen, die sicher auch von ihrer Familie vergöttert wurden, eilte der Ruf von neidischen und bösen Schwestern voraus. Ein Image, das sie nie los wurden. Auch ich mochte sie nicht. Das konnte ich schlecht verbergen, sodass ich sie nur ein einziges Mal zu Gesicht bekommen hatte.

Weihnachten wollten Mutter Bähne, Oma Auerbach und Christine schon im neuen Haus feiern. Bereits im Frühjahr hatten Mutter Bähne, ihr Bruder, seine Frau und die beiden Cousinen, wenn sie denn mal da waren, mit dem Bau begonnen. Dennoch erschien mir der Termin Weihnachten doch sehr optimistisch. Denn wenn auch das Geld für die eigenen vier Wände da war – das nötige Baumaterial in ausreichender Menge zu besorgen, schien mir futuristisch in einem Land, in dem das Politbüro zwar über die Länge von Feinstrumpfhosen entschied, aber an der Spitze eines Systems stand, das an chronischer Wirtschaftsschwäche litt.

Als ich das erste Mal auf der Baustelle war, begriff ich, dass der Termin Weihnachten keineswegs nur ein Wunschgedanke war. Auf der Baustelle gab es alles, was das Maurerherz begehrte. Und es gab einen, der das Kommando führte: der General. Was er sagte, war Gesetz.
Christines Onkel war Berufsoffizier. Vor einer Ewigkeit hatte er sich verpflichtet, 25 Jahre seines Lebens dem Schutz des Sozialismus zu widmen. Geld und Beziehungen waren für den Mann kein Problem. Ich habe mit dem General nie mehr als einen Satz gewechselt. Er war mir schlichtweg unsympathisch. So wie seine Töchter.

Es waren Stunden voller Blut und Schweiß, die ich in Gablenz, das nur vier Kilometer von Weißwasser entfernt ist, zubrachte. Den ganzen Tag schlüpften Christine und ich in die Rolle der Handlanger. „Hol mal dies, hol mal das, besorgt mal ein paar Bier." Wir taten das, was die Fachleute uns auftrugen – ohne zu murren. Sie waren die Chefs. Wenn ich heute an das Haus denke, und mir vorstelle, wie es wohl aussehen wird, das Heim, in dem Mutter Bähne ganz allein wohnt, wird mir bewusst, dass in den Mauern auch ein Teil unserer Vergangenheit steckt.

Vom frühen Morgen an bis zum späten Abend schufteten wir auf der Baustelle. Erst kurz vor Sonnenuntergang befahl der

General Feierabend. Die Arbeiter, die auf dem Bau mithalfen und sich so ein kleines Vermögen hinzuverdienten, schwangen sich auf ihre Räder und Mopeds, brausten in Richtung Weißwasser davon und hinterließen nicht mehr als eine Staubwolke. Ein Auto besaß nur der General. Auch Mutter Bähne, ihr Bruder, ihre Schwägerin und wir packten zusammen und machten uns auf in die Kreisstadt. Ich habe zwar nie erfahren, wo der General wohnte, aber im Grunde genommen hat es mich auch nicht interessiert. Außer auf der Baustelle ist er mir nie über den Weg gelaufen. Christine und ich waren die letzten, die das Grundstück verließen.

Wir fuhren allerdings nicht schnurstracks nach Hause, sondern machten es uns in einem großen Park gemütlich, nur ein paar hundert Meter von der Baustelle entfernt. Wir wollten uns schließlich keine Blöße vor den anderen geben – vor allem nicht vor Mutter Bähne – und über unsere körperlichen Qualen klagen. Ich hatte Blasen an den Händen, der ganze Körper war ein einziger Schmerz. Jetzt wusste ich, was Papa den ganzen Tag über ertragen musste.

Christine und ich beobachten den Sonnenuntergang, der bezeichnend war für die ganze vertrackte Situation. Die Schönheit der Strahlen, die sich im Wasser spiegelten, symbolisierte mein Mädchen. Und als die Sonne immer tiefer sank und fast vollständig hinter dem Horizont verschwunden war, verglich ich diesen Anblick mit unserer bevorstehenden Trennung. Als die Dunkelheit hereingebrochen war, setzten wir uns wieder auf die Räder, quälten uns die vier Kilometer nach Hause und kamen mehr tot als lebendig in der Straße des Bergmanns an.

Christine hatte während der ganzen Fahrt kein einziges Wort gesprochen. Den ganzen Tag über war sie die personifizierte Fröhlichkeit – aber nun? Zuhause angekommen saßen Mutter Bähne und Oma Auerbach vor dem Fernseher. Christine lief gleich in ihr Zimmer, warf sich aufs Bett und weinte hemmungslos.

„Was ist passiert?", fragte ihre Mutter, die mich schon im Korridor abfing. Wahrscheinlich wollte sie erfahren, wo wir solange geblieben waren. Aber dazu kam sie nun gar nicht. „Nichts, es ist alles in Ordnung. Können wir ein paar Minuten allein sein", bat ich Mutter Bähne, die auf dem Absatz kehrt machte und sich wieder der Flimmerkiste widmete. Ich wusste, was ich zu tun hatte – ich musste meine Christine mehr trösten, als ich es bis dahin jemals getan hatte. Ich klopfte an ihre Zimmertür, und als sie nicht antwortete, ergriff ich die Klinke, trat hinein – und war schockiert.

In den gut vier Monaten, in denen wir zusammen waren, habe ich mein Mädchen noch nie so voller Kummer und Schmerz gesehen. Die Schufterei auf der Baustelle, die bevorstehende Trennung – das alles hatte sie offenbar überfordert und ein Ventil der Gefühle geöffnet, sodass sie ihren Tränen freien Lauf ließ. „Es wird schon alles gut werden. Wir bleiben doch Freunde. Eines Tages werden wir wieder zusammen sein. Und wenn es mal irgendetwas gibt, wenn du Probleme hast oder Sorgen – du kannst immer zu mir kommen." Meine Worte verfehlten ihre Wirkung nicht. Christine blickte auf, sah mich an, dass ich eine Gänsehaut bekam – und küsste mich. Das war es, was ich so an ihr mochte. Sie ließ sich schnell trösten, ohne irgendwelche langen Diskussionen zu führen.

Aber diesmal wollte sie doch reden. Schließlich nahm sie unser unvermeidliches Ende genau so mit wie mich. Dabei war sie sogar in einer ungünstigeren Situation.

Ich hatte mein Zuhaus, in das ich jederzeit zurückkehren konnte. In einer Stadt, in der ich das Licht der Welt erblickt hatte. Meine Umgebung war mir nicht nur vertraut, sondern in 17 Jahren meines irdischen Daseins auch ans Herz gewachsen. Christine aber musste sich in einer völlig anderen Welt auf ihr Leben vorbereiten, ohne mich, ohne Freunde, ohne die Menschen, die sie in ihrem Leben begleitet hatten. Alles war fremd für sie. Und sie musste ohne unsere Liebe auskommen.

Aber ich war mir sicher, dass sie bald neue Freunde finden wird, interessante junge Männer, die um sie werben werden – und die Erinnerung an die Heimat würde immer mehr verblassen.

„Wir müssen uns damit abfinden, dass unser gemeinsames Leben nicht ewig dauern wird", sagte ich, während sich Christine immer noch an mich klammerte. „Gibt es denn nicht eine Lösung, dass wir uns nicht trennen müssen?" „Ja, die gibt es: wir heiraten." Für Scherze war es nicht gerade der richtige Augenblick. „Das war kein Witz", schob ich schnell nach.

Die Situation war schließlich günstig wie nie. Mutter Bähne saß nebenan, wir waren hier – und ich zu allem bereit. Ich hätte gern das Gesicht Mutter Bähnes gesehen, wenn wir ihr unseren Heiratsplan offeriert und um Erlaubnis gebeten hätten. Ihr wären sicher die Gesichtszüge entglitten. Um meine Eltern machte ich mir weniger Sorgen. Mama hätten wir sicher umgestimmt bekommen, und Papa hätte sich ihrer Entscheidung in vollstem Umfang angeschlossen.

Plötzlich fühlten wir uns wieder klein und naiv. Wir trauten uns einfach nicht, Mutter Bähne zu fragen. In Oma Auerbach konnten wir zwar auf eine Verbündete hoffen, aber ich denke nicht, dass die alte Frau in der Lage gewesen wäre, ihre Tochter umzustimmen. Das einzige, das wir erreicht hätten, wäre ein grenzenloses Chaos gewesen. Vielleicht war es doch ein Fehler, Mutter Bähne nicht zu fragen. Sie hätte zwar niemals zugestimmt, aber wir hätten ihr damit klarmachen können, wie ernst es uns mit unserer Liebe ist.

Den Rest des Abends saßen wir wie eine Familie im Wohnzimmer, schauten fern und stellten uns den Fragen Mutter Bähnes. Immer wieder sprach sie meine Zukunft an. Natürlich wollte ich aus meinem Leben etwas machen – aber verdammt, ich war erst 17. Mutter Bähne wusste nie, was sie von mir halten sollte. Ich stammte aus einer Arbeiterfamilie, und meine Ambition, nach der Schule am Fließband zu stehen und mit der Produktion von Schokolade den Sozialismus stärken zu wollen, war ihr ein Dorn im Auge. Ich versprach ihr aber, eines Tages aus diesem Leben auszubrechen, das Abitur nachzuholen und dann zu studieren. Ein kühner – und erfundener – Plan, der Mutter Bähne aber auch nicht gerade gnädiger stimmte.
Mutter Bähne und ich sind uns nie näher gekommen. Einerseits stand zwischen uns eine Mauer der gesellschaftlichen Stellung, andererseits hatten wir einfach keine Zeit, uns besser kennenzulernen. Eins aber wusste sie: Ihre Tochter hatte die große Liebe gefunden.
Auf dem Bau in Gablenz ging es zu wie in einem Ameisenhaufen. Und der General war der König, Vorarbeiter, Vorsitzender der Plankontrollkommission Prall/Bähne,

Grundstücksbevollmächtiger und Baustellendirektor – das alles verkörperte dieser Mann, der es sich zu seiner Lebensaufgabe gemacht hatte, Befehle auszuführen und selbst zu kommandieren. Ein echter Baulöwe eben, bei dessen Gebrüll jeder auf der Baustelle erstarrte. Der Sommer versprach in diesem Jahr einiges – und, wenn das Haus rechtzeitig fertig sein sollte, dann musste wenigstens einer den Hut aufhaben und alles koordinieren. Das musste man dem General zugestehen: Vom Planen, Lenken und Leiten verstand er etwas.

Von früh bis spät wurden Steine geschleppt, Kies geschaufelt, Leitern gehalten und Bier geholt. Aber ich fügte mich in mein Handlangerschicksal. Denn Mama sagte immer: „Von Arbeit ist noch niemand gestorben." Was aber auch nicht ganz richtig ist, im Hinblick auf die dunkle deutsche Vergangenheit. In den wenigen Tagen, die ich bei Christine und ihrer Familie zubrachte, fühlte ich mich halbtot. Und wir mussten auf dem Bau mithelfen – ob wir wollten oder nicht. Natürlich hätte ich auch nach Stendal zurückfahren können, aber erstens wollte ich bei meinem Mädchen bleiben – und zweitens nicht vor dem General kapitulieren.

Es war der dritte Tag, an dem ich in Weißwasser war, da musste Oma Auerbach zum Arzt. Sie musste regelmäßig den Göttern in Weiß huldigen, zu schlimm war ihre Krankheit. Wir standen in aller Herrgottsfrühe auf. Oma war noch gut zu Fuß, sodass wir weder ein Taxi benötigten, noch die Chauffeurdienste des Generals in Anspruch nehmen mussten. Wir saßen den ganzen Vormittag beim Arzt. Als wir endlich wieder frische Luft atmen konnten, brachten wir Oma nach

Hause, aßen einen Happen, schnappten unsere Räder und brachen in Richtung Baustelle auf.

Als wir ankamen, hatte der General gerade die Mittagspause befohlen. Als er mich erblickte, gab er mir gleich zu verstehen, dass wir nach dem Essen Steine holen werden, einen ganzen Hänger voll.

Die Gasbetonsteine bekamen wir aus Bad Muskau, ein paar Kilometer von Gablenz entfernt, direkt an der polnischen Grenze. Ich zog mich um – und in meinen Arbeitsklamotten wartete ich geduldig auf das Kommando „Sitz auf". Lange musste ich nicht warten. Der General aß so schnell wie er arbeitete. Im Nu hatte er den Eintopf verschlungen, den Mutter Bähne am Abend zuvor zubereitet hatte. Ich stieg in den Trabi, winkte Christine noch einmal zu – und des Generals Pappe nahm Kurs auf die Oder-Neiße-Friedensgrenze.

Von der Fahrt selbst habe ich nicht viel mitbekommen. Wir waren noch keine zwei Kilometer unterwegs, da nickte ich weg. Ich nannte es die Autoschlafkrankheit. Aber ob nun ein Bus, ein Zug oder ein Auto – kaum waren die ersten Meter zurückgelegt, wurden meine Augenlider so schwer, dass ich sie nicht mehr offen halten konnte. Als wir in Bad Muskau ankamen, musste mich der General wecken, so fest war ich eingeschlafen. Unser Ziel war ein volkseigener Betrieb.

Wenn ich eins in diesen Tagen nicht mehr sehen konnte, dann waren das Gasbetonsteine. Und vor uns auf dem Betriebsgelände lagen Tausende dieser Ungetüme aus Stein, Beton – und wahrscheinlich auch Gas. Jeder einzelne rund 30 Kilo schwer. Ich schleppte Stein für Stein in den Hänger und kümmerte mich nicht darum, was der General und der Arbeiter des Werks tuschelten, tauschten oder vereinbarten. Hauptsache, mit dem Bau ging es voran. Und Mutter Bähne, Oma Auerbach und Christine hatten das Dach über den Kopf, das sie sich so sehr gewünscht hatten.

Am nächsten Tag sollte ich nach Stendal zurückfahren. So war es geplant – von Mutter Bähne. Und obwohl gerade Sommerferien waren, sollte Christine in Weißwasser bleiben. Verständlich, hatte Mutter Bähne doch wochenlang auf ihre Tochter verzichten müssen. Da half kein Bitten und kein Betteln – ich musste die Heimreise antreten. Ein Eingeständnis haben wir Mutter Bähne aber entlocken können. In drei oder vier Wochen durfte Christine noch einmal für eine Woche nach Stendal kommen. In drei oder vier Wochen!
Keine Frage: Das Leben nach Christine warf seine Schatten voraus. Es waren aber keine blassen grauen mehr, sondern tiefschwarze Schatten. Ich musste mich langsam damit abfinden, mein Mädchen nie wieder zu sehen. Es war eine emotionale Qual, ein Seelensterben auf Teilzahlung. Aber wir hatten keine andere Wahl. Christine brachte mich zum Bahnhof, wir verabschiedeten uns als sei der jüngste Tag angebrochen, und der Zug setzte sich in Richtung Stendal in Bewegung.

Teil XVII

Die Fahrt in die Altmark dauerte mehrere Stunden. In Berlin, quasi auf halber Strecke, musste ich umsteigen. Es schossen mir viele Gedanken durch den Kopf, während ich meiner Heimat immer näher kam. Die sich abzeichnende Trennung, der Beginn der Lehre in der Schokoladenfabrik, meine Freunde, die mich längst aufgegeben hatten. Ich verlebte meine letzten Sommerferien, hatte kein Geld, um mir eine Fahrkarte nach Weißwasser zu kaufen und so Christine wenigstens zwischendurch zu sehen. Drei Wochen können so verdammt lang sein, aber die eine Woche, die Christine in Stendal bleiben sollte, die würde so schnell vergehen, dass sie zuende wäre, ehe sie begonnen hatte. Da war ich mir sicher.
Pausenlos grübelte ich über eine Lösung nach, meinem Mädchen in den nächsten Tagen einen Besuch abzustatten. Außer der Reihe versteht sich. Dann hatte ich eine Idee: Wenn mir jetzt jemand helfen konnte, dann war das Werner. Werner hatte im Schadewachten, Straße der Freundschaft hieß sie damals, ein Eisgeschäft. Zehn Pfennige kostete die Kugel und galt als das beste Eis in Stendal. Werner ging dem selben Hobby nach wie ich – er war Schachspieler. Mit einem Ferienjob bei ihm würde ich mir wenigstens ein paar Mark dazuverdienen. Vielleicht würde es ja sogar für eine Fahrkarte reichen.

Ich hatte Werner schon im Sommer des Vorjahres nach einem Ferienjob gefragt. Zu meinem Leidwesen war der aber schon vergeben. In diesem Jahr rechnete ich mir mehr Chancen aus, weil der, der sonst dort immer in der unterrichtsfreien Zeit arbeitete, eine Lehre begonnen hatte. Zunächst meinte Werner, er habe schon jemanden bei der Hand. Ein oder zwei Tage später stand er bei uns auf der Matte und stellte mich ein.

Ich, das künftige Rädchen eines mächtigen sozialistischen Schokoladenimperiums, sollte nun erst einmal Eis anrühren. „Klasse", dachte ich. Ein paar Wochen arbeiten, und dann mit meiner Christine die letzten schönen Tage der schulfreien Zeit genießen. Mit dem verdienten Geld könnten wir uns ein kleines Konsumparadies mitten im Arbeiter- und Bauernstaat finanzieren. Es wäre ohnehin das letzte Mal, dass ich mein Mädchen verwöhnen dürfte.

Andererseits würde meine Arbeit in Werners „Eishöhle", wie wir sein Geschäft damals scherzhaft nannten, drei Wochen in Anspruch nehmen. An ein Wiedersehen mit Christine war in dieser Zeit nicht zu denken. Der bevorstehende Besuch meines Mädchens kurz vor Ferienende fühlte sich an wie ein Gnadenbrot, das man mir hingeworfen hatte. Es war aber auch die letzte Gelegenheit, Christine in die Arme zu schließen und mit ihr zu träumen.

Es war an einem schwülheißen Mittwoch, als ich Punkt 7 Uhr in der Eishöhle stand. Es war herrlich. Die kühlen Räume waren geschwängert mit dem süßen Duft der Zutaten, eine riesige Rührmaschine versperrte zunächst den Blick hinter die Eiskulissen. Ich staunte nicht schlecht, wie viel Technik doch in so einem kleinen Haus untergebracht werden konnte. Dabei war das Haus gar nicht so klein, wie es zunächst den Anschein hatte. Ein halbes Dutzend Räume, die mit Zutaten vollgestellt waren, schlossen sich nach hinten an.
Ich hatte Werner Anfang 1982 kennengelernt, als ich mich

entschieden hatte, Schachspieler zu werden. Ich dachte zunächst, er sei ein trotteliger liebenswürdiger Mann, denn zumindest am Schachbrett beziehungsweise im Verein hinterließ er diesen Eindruck. An diesem Tag aber wurde mir klar, dass sich sein trotteliges Wesen ausschließlich auf seine Freizeit beschränkte. Bei allem, was mit seinem Beruf zu tun hatte, war er knallhart. Ein Kapitalist im Reich der Kommunisten. Allerdings: Geizig war er nicht. 50 Mark gab er mir für diesen Tag anstrengender Eisrührtätigkeit.

So anstrengend war es allerdings auch nicht. Ich hatte schon härter gearbeitet. In Gablenz, auf dem Bau. Mir schmerzten zwar die Füße, und ich konnte kaum noch geradeaus denken, aber ich war fest entschlossen, Werner in seiner Eishöhle nicht vereinsamen zu lassen. Ich habe nie erfahren, warum er mich schon nach meiner ersten Schicht bezahlte. Vielleicht war es eine Art Vorahnung, dass er mich außer im Schachverein nicht wiedersehen würde. Dabei hätte ich die Chance beim Schopfe packen müssen, und mich rührein rühraus auf mein Berufsleben vorbereiten können.

Natürlich wäre das nur ein Bruchteil dessen gewesen, was mich ab September in der Welt der Werktätigen und der Planerfüllung erwarten sollte. Aber es wäre auch einiges anders gelaufen in meinem Leben. So wie der Flügelschlag eines Schmetterlings in China auf der anderen Seite der Erde einen Orkan auszulösen vermag, hätte mir die Chaostheorie zwar auch nicht viel weiter geholfen, aber ich hätte mich mit Sicherheit in der Berufsschule mehr angestrengt. Nicht zuletzt deshalb, weil ich in dem einen oder anderen Plausch mit Werner erfahren hätte, worauf es im Leben ankommt.

Ich hatte nun mein erstes selbst verdientes Geld in der Tasche – und noch immer fest entschlossen, mir am nächsten Tag den nächsten Fünfziger zu verdienen. Aber es sollte anders kommen. Aus irgendeinem Grund stritt ich mich am Abend fürchterlich mit meinen Eltern. Das brachte das Fass zum Überlaufen. Stress zu Hause und mein Mädchen eine ganze Tagesreise weit entfernt. Ich hatte solche Sehnsucht nach Christine, packte meine Tasche, lief zum Bahnhof und verstaute meine Sachen in einem Schließfach. Noch am selben Abend nach Weißwasser zu fahren, war aus zwei Gründen unmöglich. Erstens wollte ich es Christine und Mutter Bähne nicht zumuten, mitten in der Nacht in der Tür zu stehen. Und Zweitens: Es fuhr gar kein Zug mehr. Nach Berlin wäre ich gekommen, aber dort hätte ich festgesessen. Also ging ich nach Hause, und tat so, als wäre überhaupt nichts geschehen.

Mein Plan war simpel: Statt in Werners Eishöhle die ersten Leckereien anzurühren, wollte ich um 7 Uhr auf dem Bahnsteig stehen und den Zug besteigen, der mich zu meinem Mädchen bringen sollte. Wie immer fühlte ich mich von meinen Eltern völlig missverstanden. Also schrieb ich noch einen Brief, dass sie sich keine Sorgen zu machen bräuchten, und legte mich schlafen. In der Hoffnung, dass mich mein Wecker am nächsten Morgen pünktlich aus den Federn klingeln würde. Er tat es.

Papa musste immer früh zur Arbeit, stand um 5 Uhr auf, Mama tat es ihm gleich, obwohl sie als Invalidenrentnerin sich „nur" um Haushalt und Kinder zu kümmern hatte. Die Rollen waren eben klassisch verteilt. Nachdem sie aus den Federn geschlüpft waren, saßen beide wortlos am Wohnzimmertisch, tranken Kaffee, während Papa mit zwei Glimmstengeln der

Marke „Juwel 72" (Schweinebalken) den Nikotinverlust, den sein Körper während der Nachtstunden erlitten hatte, ausglich. Es war jeden Morgen das selbe bedauernswerte Bild. So wollte ich später einmal nicht enden. Ich wollte glücklich verheiratet sein, wollte Kinder und eine Familie.

Nachdem Papa zur Arbeit aufgebrochen war, wartete ich noch ein paar Minuten und stahl mich dann still und leise aus der Wohnung. Der Bahnhof war eine knappe halbe Stunde Fußmarsch entfernt, sodass ich beschloss, mit dem Bus zu fahren. Mit der selben Linie, auf der ich noch vor ein paar Monaten meine Christine wiedergefunden hatte. Damals nahm mein Glück seinen Anfang, jetzt ging es dem Ende entgegen.
Ich war mir klar darüber, dass Mutter Bähne nicht gerade Luftsprünge vollziehen würde, wenn ich in Weißwasser ankomme. Ich hatte mich ja weder telefonisch noch per Brief angekündigt. Aber die Sehnsucht nach meinem Mädchen verdrängte die Furcht vor einer Standpauke. Konnte sie das nicht verstehen?

Auf der Fahrt zwischen Stendal und Berlin überlegte ich mehrfach, kehrt zu machen und mein gewagtes Vorhaben aufzugeben. Noch war es nicht zu spät. Von Berlin aus fuhren schließlich alle Nase lang Züge Richtung Altmark. Und Werner hätte ich schon eine ausgeklügelte Erklärung liefern können, warum ich heute nicht zur Arbeit erschienen war.
Würde ich aber erst einmal im Zug zwischen Berlin und Weißwasser sitzen, dann gäbe es kein Zurück mehr. Ich musste dann durchfahren und darauf hoffen, dass das Donnerwetter von Mutter Bähne sich in ein leichtes Grollen abschwächen würde. Der nächste Zug, den ich hätte nehmen

können, fuhr erst am darauffolgenden Tag. Aber warum sollte ich kehrt machen? Das Leben war so ungerecht. Der Ungerechtigkeit wollte ich die Stirn bieten. Wenn sie schon gewinnt, dann nach harten Kampf.

Es war Mittag, als der Personenzug mit einem ohrenbetäubenden Quietschen in Weißwasser einrollte. Natürlich holte mich niemand vom Bahnhof ab, es wusste ja niemand, dass ich im Anmarsch war. Ich befürchtete, Christine und ihre Mutter gar nicht zu Hause anzutreffen, weil sie die meiste Zeit auf dem Bau verbrachten. Aber da war ja noch Oma Auerbach.
Ich fühlte mich klein und ohnmächtig, schleppte meine schwere Reisetasche vom Bahnhof in die Straße des Bergmanns, als mir bewusst wurde, dass ich die Ungerechtigkeit, die uns beiden widerfahren war, niemals werde aufhalten können. Wir waren einfach noch zu jung und zu schwach, um den Aufstand gegen Autoritäten zu proben.

Ich hatte Glück im Unglück: Christine war zu Hause, Mutter Bähne noch im Büro. Ihr Urlaub war aufgebraucht, der Hausbau lief nur noch nach Feierabend. Mein Mädchen freute sich überschwänglich, mich zu sehen. Ihrer Freude folgten allerdings zweifelnde Blicke, nachdem ich ihr vom Streit mit meinen Eltern und meiner Flucht erzählt hatte.
In knapp zwei Stunden sollte Mutter Bähne von der Arbeit kommen. Die beiden wollten sich auf dem Bau treffen, ich war ja gar nicht eingeplant. Was sollten wir tun? Es gab nur eine Lösung: Ich musste mit auf den Bau. Nicht, dass ich mich vor der Arbeit fürchtete. Aber vor meinem geistigen Auge erblickte ich die Schadenfreude des Generals, wenn mir

Mutter Bähne eine Standpauke hielt. Damals habe ich es anders gesehen, aber heute denke ich: Wäre der Hausbau nicht gewesen, hätte ich vermutlich die ganzen Sommerferien in Weißwasser verbringen können. Noch wahrscheinlicher aber wäre gewesen, dass es Mutter Bähne gar nicht in die Lausitz gezogen hätte.

Der Bau verschlang nicht nur eine Unmenge Geld für damalige Verhältnisse, sondern vor allem kostete er Kraft und Nerven. Und ich? Ich war machtlos einer düsteren Zukunft ausgeliefert.
Die Zeit, zur Baustelle zu fahren, war herangerückt. Zum Glück besaßen die Bähnes drei Räder, so dass ich nicht zu Fuß laufen musste. In der Hektik in Stendal hatte ich ganz vergessen, Arbeitssachen mitzunehmen, und so machten wir uns, wie wir waren, auf den Weg. Je näher wir der Baustelle kamen, um so schneller schlug mein Herz. Ich hatte panische Angst vor der Reaktion Mutter Bähnes. Ich wusste, in ihren Augen hatte ich etwas Unrechtes getan. Als wir die letzte Kurve durchfahren und wir freien Blick hatten auf das etwa 200 Meter entfernte Haus, konnten uns die Arbeiter sehen. Und natürlich auch der General.

Mutter Bähne bekam ihren Mund gar nicht mehr zu, so erstaunt war sie darüber, dass ihre Tochter nicht allein war. Unterwegs hatte ich schon einen Plan entworfen, wie ich auf die Standpauke, die Mutter Bähne sicherlich halten würde, reagiere: Kopf runter und Reue zeigen. Und schwören, dass so etwas nie wieder vorkommen wird.
Mutter Bähne zeigte auf den Bauconatiner, in dem sich alle umzogen. Und bei schlechtem Wetter ein Feierabendbierchen

genossen. „Aha", dachte ich, „das Donnerwetter soll wohl nicht jeder mitbekommen." „Hier hast du ein paar alte Sachen", sagte sie, als sei es völlig selbstverständlich, dass ich auf der Baustelle war, und sie nur darauf gewartet hatte, mir meine Arbeitssachen zu geben. „Wundert es Sie gar nicht, dass ich hier und nicht in Stendal bin", tastete ich mich vor. „Doch", entgegnete Mutter Bähne, drehte sich um und verschwand zwischen Kieshaufen, Gasbetonsteinen und allerlei Maurerutensilien. Jetzt war ich erstaunt. Also entweder war es Mutter Bähne egal, dass ich hier war, oder die Standpauke stand mir noch bevor. Nach Feierabend. In der Straße des Bergmanns. Vielleicht aber wäre es ihr auch unangenehm gewesen, dass die ganze Verwandtschaft mitbekommt, welch verrückten Freund sich ihre Tochter geangelt hatte.

Vielleicht war es aber auch nicht ihre Art, impulsiv zu reagieren. Mutter Bähne war schließlich ein Familienmensch, und Harmonie war für sie des Menschen höchstes Gut, das sie schützte und verteidigte, wenn es sein musste. Sie hatte in ihrem Leben schon einige Schicksalsschläge hinnehmen müssen, doch die Liebe zu ihrer Mutter und ihrer Tochter konnten ehrlicher und inniger nicht sein.

Ich packte an diesem Tag an, wie ich noch nie in meinem Leben angepackt hatte. Ich wollte Mutter Bähne nicht nur beeindrucken, sondern hoffte, dass ich sie soweit besänftigen konnte, dass sich die Predigt, die sie mir mit Sicherheit am Abend halten würde, in Grenzen halten würde. Ich wusste, dass sie mich wieder nach Stendal schicken würde. Sie konnte ja auch nicht anders, sollte ihre Autorität nicht untergraben werden. Damals dachte ich: „Was hat sie nur dagegen, wenn ich in der Nähe meines Mädchens bin?" Ich begriff aber auch, dass es nur ein Katzensprung zu meiner Christine war. Gestern rührte ich noch in großen Bottichen in Werners Eishöhle, heute schuftete ich 200 Kilometer entfernt auf dem Bau.

Wie immer wurden die Sachen erst zusammengepackt, als es dämmerte. Die Tage wurden bereits merklich kürzer, immerhin hatten wir schon Mitte August. Aus den 12- oder 13-Stunden-Schichten im Juni waren 8- beziehungsweise 9-Stunden-Schichten geworden. Natürlich nur an den Wochenenden, unter der Woche wurden drei oder vier Stunden gearbeitet.
Gepackt wurde, als es dämmerte, aufgebrochen sind wir, als es bereits stockdunkel war. Der Geist des Wechselstroms der Gemeinde Gablenz hatte es wohl gut mit den neuen Bauherren gemeint, als er ihnen eine Straßenlaterne vor das Haus gesetzt hatte. Und so erkannten wir nicht nur den Weg, der zur Baustelle führte, sondern konnten uns auch in die Gesichter schauen. Dabei erkannte ich, dass sich Mutter Bähnes Miene zunehmend verfinsterte. Dann kam es, wie es kommen musste. Zuhause in Weißwasser angelangt, hielt mir Mutter Bähne eine Gardinenpredigt, die sich gewaschen hatte. Ich sagte keinen Ton. Schließlich sprach sie den Satz aus, vor dem ich mich den ganzen Tag über gefürchtet hatte: „Du fährst morgen wieder zurück."

Ihre Worte waren ein emotionaler Dolchstoß in mein junges Herz. Und in Christines. Dabei hatte ich insgeheim bis zuletzt gehofft, dass Mutter Bähne Gnade vor Recht ergehen lassen würde. Aber ihr Entschluss war nicht verhandelbar.

Christine und ich heckten einen Plan aus, der uns wenigstens noch einen Tag Aufschub gewähren sollte. Dabei war uns nicht bewusst, dass wir mit dem Feuer spielen: Verärgerten wir Mutter Bähne zu sehr, könnte sie auf die Idee kommen, die eine Woche, die Christine in Stendal verbringen sollte, zu streichen. Das wäre der Super-Gau. Andererseits waren wir zu allem bereit, auch nur die kleinste Chance zu ergreifen, mehr Zeit miteinander verbringen zu dürfen. Also beschlossen wir, dass ich am nächsten Tag den Zug verpasse. Versehentlich, versteht sich.

Am nächsten Morgen weckte mich Mutter Bähne rechtzeitig. Sie ahnte natürlich nicht im geringsten, was Christine und ich vorhatten. Nach dem gemeinsamen Frühstück verließ ich die Wohnung, bepackt mit meiner Reisetasche, in der ich die wenigen Utensilien, die ich mit nach Weißwasser gebracht hatte, mühelos verstaut hatte. Nach einem dreiminütigen Fußweg ließ ich mich auf einer Bänke auf der Promenade nieder. Christine und ich hatten vereinbart, dass sie das Fenster ihres Zimmers weit aufreißen sollte, sobald ihre Mutter zur Arbeit aufgebrochen war. Es dauerte geschlagene 20 Minuten, bis ich unser Zeichen entdeckte. Christine hatte das Fenster soweit geöffnet, als wolle sie den Mief der Zukunft aus ihrem Zimmer verbannen. Ich schnappte meine Reisetasche, und lief zu meinem Mädchen.

Wir hatten Oma Auerbach nicht in unseren Plan eingeweiht. Nicht, weil wir ihr misstrauten, sondern weil wir befürchtet hatten, dass sie uns unser Vorhaben ausgeredet hätte. Vielleicht hätte sie aber auch gar nichts gesagt, und später das Unschuldslamm gespielt. Oma Auerbach war zwar alt und krank, aber auch schlitzohrig. Eben wie eine Oma zu sein hatte, die ihrer Enkelin all die Liebe und Geborgenheit gibt, die sie vielleicht nie erfahren hatte.

Christine und ich verlebten an diesem Sommertag unbeschwerte Stunden. Es war wie früher, nur, dass wir in Weißwasser waren und nicht in Stendal. Wir kannten hier noch niemanden, alles war für uns fremd. Also beschlossen wir, die nähere Umgebung zu erkunden und gingen auf Entdeckungstour. Doch idyllische Fleckchen suchten wir – mit Ausnahme der Promenade – vergebens. Dabei hätten wir nur ein paar Kilometer fahren müssen, und wir wären in einem der schönsten Parks Deutschlands gelandet – im Rhododendronpark in Kromlau.

Es gab noch nicht einmal ein Schwimmbad, in dem wir der Hitze des Tages hätten entfliehen können. Und eine Schokoladenfabrik, in der ich hätte meine Lehre beginnen können, gab es schon mal gar nicht. Wir hatten damals ernsthaft daran gedacht, dass ich in der Lausitz Süßwarenfacharbeiter lernen könnte. Das war aber so unrealistisch, als würde man einem Schwein das Fliegen beibringen wollen. Ich war noch nicht einmal volljährig, und die Lehrstelle in Tangermünde war mir sicher.

Aber vor allem war da Mutter Bähne, die dem jugendlichen Unsinn Einhalt geboten hätte. Ich hätte ja bei ihnen wohnen müssen, und Christines Mutter hätte einen Esser mehr zu versorgen gehabt. Nur weil ein ihr völlig Unbekannter, und ein wenig Verrückter, nicht seine Finger von ihrer Tochter lassen konnte, wollte sie ihn sicher nicht durchschleifen. Ein Leben mit Christines Familie war auch für mich unvorstellbar.

Für mich war Weißwasser, damals 1984, eine trostlose Stadt, in der wir Sehenswürdigkeiten vergebens suchten. Bisher hatte ich Weißwasser nur mit Eishockey in Verbindung gebracht. Der heimische SG Dynamo und der SV Dynamo aus Berlin hatten sich seit den frühen 70er-Jahren in der kleinsten Liga der Welt duelliert. Sie spielten so oft gegeneinander, dass sie nicht nur die Familien der gegnerischen Mannschaft kannten, sondern wahrscheinlich alle kleineren und größeren Geheimnisse des Kontrahenten – bis hin zur Normgröße ihrer Unterwäsche. Aber vielleicht wollte ich die Stadt nur durch eine dunkle Brille der Trauer sehen. Vermutlich weigerte sich mein Unterbewusstsein, die rosarote aufzusetzen.

Wir schlenderten stundenlang durch die Stadt und vergaßen völlig die Zeit. Plötzlich bemerkten wir, dass es schon weit nach Mittag war, und es nicht mehr lange dauern sollte, bis Mutter Bähne von der Arbeit kam. Musste ich mir schon am Vortag eine Gardinenpredigt anhören – wie würde die wohl heute ausfallen. Schließlich habe ich mich Mutter Bähnes Anweisung widersetzt. Am liebsten wäre ich gar nicht mehr in die Straße des Bergmanns zurückgekehrt, so sehr hatte ich vor der Mutter meines Mädchens Respekt. Es gab dort zwar zwei Menschen, die außerordentlich nett waren und in den einen ich mich bis über beide Ohren verliebt hatte, aber Mutter Bähne hatte das Sagen. Sie war im Begriff, alles zu zerstören.

Sie tat es nicht aus purer Boshaftigkeit, sie hatte ihre Gründe. Gründe, für die ich damals kein Verständnis hatte, mir aber heute, mehr als drei Jahrzehnte später, völlig einleuchten.
Am Nachmittag hatten wir es uns – Christine, Oma Auerbach und ich – vor dem Fernseher bequem gemacht und taten so,

als sei überhaupt nichts Ungewöhnliches passiert. Als wir hörten, wie sich ein Schlüssel im Türschloss herumdrehte, blickten wir uns kurz an, um dann in Richtung Korridor zu schauen. Wir warteten auf die Scharfrichterin, die uns unserer gerechten Strafe zuführen sollte.

Natürlich konnte Mutter Bähne unsere Entschuldigung, ich habe den Zug verpasst, weder widerlegen noch entkräften. Dabei hatte ich ja nicht einmal geschwindelt. Ich hatte nur zu lange auf der Promenadenbank gesessen. Trotzdem bekam ich die Mecker, die ich verdient hatte. Wie konnte sich ein Grünschnabel, wie ich einer war, über Anweisungen einer Erziehungsberechtigten hinwegsetzen, die in Jahren mütterlichen Daseins und weiblicher Intuition gewachsen waren? Auch Christine bekam an diesem Tag ihr Fett weg.

Die Strafe für unseren Komplott folgte auf dem Fuße: Ich musste am nächsten Tag zurück nach Stendal. Und um ganz sicher zu gehen, dass ich den Zug nicht wieder verpasse, brachte mich Mutter Bähne persönlich zum Bahnhof. Sie hatte am Abend einen Kollegen angerufen, um Bescheid zu geben, dass sie etwas Wichtiges zu erledigen hätte. Stimmte ja auch.
Ich fühlte mich wie ein Sträfling, der aus dem Gefängnis ausgebrochen und wieder geschnappt worden war. Mein einziger Trost war es, dass Christine an meiner Seite mitmarschierte. Wir sprachen nicht ein Wort miteinander, die ganze Zeit über, die der Fußmarsch von der Straße des Bergmanns zum Bahnhof gedauert hatte. Die Stimmung war gedrückt, aber nicht aufgeheizt.

Als der Zug einrollte, gab ich Mutter Bähne brav die Hand.

Ich sprach es nicht aus, aber ich dankte ihr für die Gastfreundschaft, die sie mir entgegengebracht hatte. Christine gab ich einen langen Abschiedskuss. Als der Zug anfuhr, sah ich Tränen in ihren Augen. Oder war es das Sonnenlicht, dass die Augen meines Mädchens in einen Engelsblick verwandelte?

Die Zugfahrt zog sich wieder stundenlang hin. Als ich in Stendal ankam, war es später Nachmittag. Ich fühlte mich leer, missverstanden und verjagt. Dabei war der einzige Mensch, der mich verstand, 200 Kilometer entfernt.

Die Zeit, die ich jetzt ohne Christine zubringen musste, war zwar relativ kurz, doch für einen verliebten Gockel wie mich war es die längste Woche, die ich je erlebt hatte. Wenn ich jetzt schon derart unter Liebeskummer litt, wie sollte es erst werden, wenn ich Christine gar nicht mehr sehen würde. Jetzt hatte ich noch die Vorfreude, dass mich mein Mädchen besuchen kommt. Aber dann? Nichts mehr. Keine Vorfreude, keine Hoffnung, keine Liebe. Ich war erst 17 Jahre alt – und die Vorstellung, bis an mein Lebensende ohne Christine auskommen zu müssen, machte mich krank.

Ich stand in dieser einsamen Woche völlig neben mir, begann, fast jeden Tag zu trinken. Ich besuchte meine Freunde nach langer Zeit. Wir saßen zusammen und gingen jener Beschäftigung nach, der wir unsere Freundschaft zu verdanken hatten – Schach spielen. Schach ist das einzige, das mich noch heute an meinen Papa und an Christine erinnert.

Wir spielten und tranken und tranken und spielten. Ich konnte diesen Liebesschmerz nur betrunken ertragen. Der Alkohol war in diesen schweren Tagen mein bester Freund. Dabei schaffte ich es, rechtzeitig die Notbremse zu ziehen. Abhängig vom Hochprozentigen wurde ich zum Glück nie.

Obwohl uns Welten trennten, verloren Christine und ich nicht den Kontakt zueinander. Einmal am Tag telefonierten wir. Als Staatsdienerin hatte Mutter Bähne in Weißwasser natürlich einen Telefonanschluss, und am Stadtsee gab es eine Menge Telefonzellen – quasi das Whatsapp unserer Zeit. Christines Stimme zu hören gab mir die Kraft, die Stunden bis zum nächsten Telefonat zu überstehen.

Irgendwie habe ich es geschafft, diese einsamen Tag zu überstehen. Als Träumer, der ich einer war und manchmal noch bin, hatte ich die Hoffnung nie aufgegeben, doch noch glücklich zu werden und mit meiner Christine eine gemeinsame Zukunft zu teilen.

Teil XVIII

Christine sollte am frühen Nachmittag in Stendal eintreffen. Den ganzen Tag über war ich aufgeregt wie ein Kind in der freudigen Erwartung des Weihnachtsmannes. Endlich sollte es ein Wiedersehen geben mit dem Menschen, der mir fast alles auf dieser Welt bedeutete.
Ich stand schon früh auf – meine Sehnsucht nach meinem Mädchen war größer als mein Schlafbedürfnis.
Den Vormittag verbrachte ich vor der Flimmerkiste, das Mittagessen hatte ich diesmal besonders schnell hinuntergeschlungen. Bereits eine Stunde, bevor der Zug fahrplanmäßig in Stendal einrollen sollte, stand ich schon auf dem Bahnhof. Das Bahnpersonal warnte vor dem einfahrenden Zug, und einen Augenblick später sah ich die Lok, wie sie die langgezogene Kurve entlangfuhr und sich Meter für Meter dem Bahnsteig näherte. Mit einem ohrenbetäubenden Quietschen stoppte der Zug – und der Waggon, in dem mein Mädchen saß, hielt fast auf meiner Höhe. Christine hatte zwei große Reisetaschen dabei – Frauen halt, brauchen immer ein bisschen mehr. Als ich sie erblickte, bekam ich weiche Knie. Als wir die Treppen zur Bahnunterführung hinuntergegangen waren, zog ich Christine an mich und küsste sie innig. „Das wurde aber auch Zeit", ermahnte sie mich.

Obwohl wir uns in den vergangenen Wochen immer seltener gesehen hatten, und sie mir immer fremder geworden war, war mir Christine in diesem Augenblick vertraut wie in unseren glücklichsten Tagen. Jetzt war der Kuss aber die Henkersmahlzeit. Ein letzter Genuss, eine letzte Freude, bevor das Licht ausgeblasen wird. Ein letztes Stoßgebet ans Schicksal, doch gnädig zu sein, bevor der Sensenmann kommt und seines Amtes waltet. Ich war ein Sträfling, der zum Schafott geführt werden sollte. Und so kam es auch.

Als wir zu Hause ankamen, eröffnete mir Christine sogleich, dass sie eine schlechte Nachricht für mich habe. Ich begann zu raten, schließlich war ja alles in bester Ordnung, als mich Mutter Bähne in Weißwasser der Deutschen Reichsbahn übergeben hatte. „Ist etwas mit Oma", fragte ich unsicher. „Nein, es ist viel schlimmer", entgegnete Christine. „...mit deiner Mutter?" „Nein, viel schlimmer." „Aber mit dem Bau ist doch alles in Ordnung?" „Ja, der steht noch." Langsam dämmerte es mir, welche schlechte Nachricht mir mein Mädchen überbringen wollte. „Du willst Schluss machen?"

Bingo! Christine nickte nur, und an ihrem Gesichtsausdruck erkannte ich, dass ich einen Volltreffer gelandet hatte. „Ich habe hin- und herüberlegt. Aber das mit uns kann nicht gut gehen. Nicht auf diese Weise, wenn wir 200 Kilometer voneinander getrennt sind", begründete Christine ihre Entscheidung. Sie hatte ja Recht. Was hatte ich auch anderes erwartet? Ich hatte mich ja schon Wochen zuvor mit dem Gedanken auseinandergesetzt, dass der Tag des Abschieds kommen wird. Für Christine war es genauso schlimm wie für mich. Ich war ihr zweiter Freund, und der erste, an den sie ihr Herz verloren hatte. Und sie war meine zweite Freundin. Ich wollte mit ihr alt werden. Wir hatten ein gemeinsames Schicksal: Wir waren unsterblich ineinander verliebt. Liebe war nie unser Problem – und wenn Christine in Stendal geblieben wäre, wären wir heute vermutlich Mann und Frau.

Das Leben ist wie eine Achterbahn. Mal geht's rauf, mal geht's runter. Jetzt gings wieder abwärts. Immerhin war es Christines Abschiedsbesuch in der Stadt, in dem wir unser Glück gefunden hatten. Ich hatte bis zuletzt gehofft, dass wir ein Paar bleiben. Aber Christine hatte die Situation völlig richtig eingeschätzt. Zusammenzubleiben – das war unmöglich.

Mein Mädchen war immer ein Vorbild gewesen, was logisches Denken betrifft. Sie konnte viel besser als ich, Zusammenhänge erkennen und erklären. Und demzufolge Schlussfolgerungen ziehen. Nicht nur ich, sondern auch Christine, hatte sich wochenlang mit dem Gedanken unserer Trennung befasst. Ihr fiel damals keine andere Lösung ein, als bei ihrem vermutlich letzten Besuch in Stendal das einzig Richtige zu tun. Natürlich war ich geschockt, dass Christine das ausgesprochen hatte, worüber wir uns wochenlang den Kopf zerbrochen hatten. Ich versuchte, meine Trauer zu überspielen, was leichter gesagt als getan war. Aber wir vergossen in jenen letzten Tagen auch Tränen. Tränen des seelischen Schmerzes.

Ein Teil meiner Seele lag im Sterben. Ich war Teil von etwas Großartigem, das sich aus meinem Leben verabschiedete. Es war eine Woche voller Tränen und der Suche nach einer alternativen Lösung. Aber dafür war es zu spät. Wir grübelten aber nicht nur über Zukunft, sondern versuchten, die Zeit, die uns noch blieb, so unbeschwert wie möglich zu nutzen. Wir wollten doch nur leben. Miteinander.

Irgendwie schafften wir es am nächsten Tag, uns

aufzuraffen. Wir holten fast alles nach, was wir in der Zeit, in der wir getrennt waren, versäumt hatten. Wir besuchten unsere Freunde, philosophierten bei langen Spaziergängen über Dinge, die die Welt nicht braucht, oder gingen ins Kino.

In dieser letzten Woche mussten wir jedem erklären, warum sich ein scheinbar glückliches Paar trennen wollte. Von wollen konnte allerdings nicht die Rede sein, aber das verstanden nur wenige. Es gab nicht viele, die die Fähigkeit besaßen, zu erkennen, dass sich eine dunkle Wolke über eine strahlende Partnerschaft legte – und die Flamme der Liebe erlöschen ließ. Liebe war aber nicht unser Problem. Es war die Welt, die uns nicht wollte.

Der Tag war gekommen, an dem Christine wieder nach Weißwasser zurück musste. Die letzten Minuten, bevor der Zug einrollte, erlebte ich in einem Dämmerzustand. Ich dachte noch einmal zurück, an unsere schönsten Momente, durchlebte in Gedanken noch einmal die Monate unseres Glücks. „Weißt du noch, wie wir uns kennengelernt haben", fragte ich Christine. „Wie könnte ich das vergessen", hauchte sie, während ich auf ihren Wangen ein paar Tränen ausmachte.

Wir haben uns zu früh kennengelernt. Wir waren zwar reif, aber noch nicht alt genug, ein eigenständiges Leben zu führen. Beide standen wir an einem Scheideweg, eine neue Etappe, die unser weiteres Leben bestimmen sollte. Wir mussten Opfer bringen. Unsere Hoffnungen, unsere Träume waren gestorben. Aber Illusionen hatten wir noch immer. Die Illusion, vielleicht eines Tages wieder zusammenzufinden.
Als der Zug einrollte, spürte ich, dass unser gemeinsames

Leben immer mehr verblasste. „Ich werde dich vermissen", flüsterte ich Christine ins Ohr. Sie antwortete nicht. Stattdessen zog sie mich an sich heran, und küsste mich. Ein Abschiedskuss, den ich niemals vergessen werde. Als Christine sich durch die Abteile gekämpft und einen Sitzplatz ergattert hatte, blickten wir uns wortlos an. Der Zug setzte sich langsam in Bewegung und wir winkten einander zu. Bis wir uns aus den Augen verloren.
Es fühlte sich zunächst an, als sei mein Mädchen nur für ein paar Tage in Richtung Weißwasser aufgebrochen, und ich in Stendal auf ihre Rückkehr wartete. Aber diesmal war es eine Fahrt ohne Wiederkehr.

Dass knapp eine Woche nach dem Abschied meine Lehre in der Schokoladenfabrik beginnen sollte, registrierte ich erst einen Tag vor dem historischen Datum, dem 3. September 1984. Mama gab mir wieder einen Rat aus ihrer schier unerschöpflichen Sprüchekiste: „Morgen beginnt der Ernst des Lebens." Da war er wieder, der Ernst. Zweimal war ich ihm schon begegnet – als ich eingeschult wurde und zehn Jahre später, als ich vor den Prüfungen stand. Und nun hatte er sich schon wieder angekündigt. Was wollte der nur von mir?

Teil XIX

Tangermünde kannte ich bisher nur aus sporadischen Besuchen in meiner Kindheit. Die Mama von Mamas Mama, Mamas Tanten, und noch unzählige weitere Verwandte, die ich nie geschafft hatte, zuzuordnen, hatten sich in der Kleinstadt, etwa elf Kilometer von Stendal entfernt, niedergelassen. Tangermünde, das im 14. Jahrhundert unter Kaiser Karl IV. zur Hauptstadt aufsteigen sollte, zählte damals fast 14.000 Einwohner. Am Stadtrand, und teilweise innerhalb der mittelalterlichen Befestigungsanlagen, hatten sich mehrere Großbetriebe angesiedelt. In der Schokoladenfabrik, der Zuckerfabrik, der Leimfabrik, der Obst- und Gemüseverarbeitung (OGEMA) und dem Faser- und Spanplattenwerk hatten mehrere Tausend Frauen und Männer Lohn und Brot gefunden. Ich sollte von nun an einer von ihnen sein.

Die Ferien waren vorbei, Schule und Christine Geschichte – und ich nahm an diesem 3. September den ersten Zug, der den Stendaler Bahnhof in Richtung Elbe verlassen sollte. Rund 20 Minuten dauerte die Fahrt mit der Ferkeltaxe. Immer wieder stiegen Reisende zu – am Stendaler Vorbahnhof, in Bindefelde und in Miltern, sodass sie meist bis auf den letzten Stehplatz ausgebucht war. Während sie sich dem Ziel Meter für Meter näherte, schwelgte ich noch einmal in Erinnerungen. An meine Schulzeit, an meine erste große Liebe und all die Nebensächlichkeiten, die mich zu dem gemacht hatten, was ich nun werden sollte: ein kleines Rad in der sozialistischen Produktion.
Nach ein paar Minuten wurde ich aus meinen Träumen

gerissen. Tangermünde war erreicht. Als ich aus dem Bahnhofsgebäude trat, offenbarte sich mir eine fremde Stadt, in der es schon zu früher Stunde zuging, wie in einem Ameisenhaufen. Unzählige Pkw Trabant 601 S, Wartburgs, Ladas, Motorräder und Mopeds bewegten sich auf die großen Fabriken zu. Radfahrer und Fußgänger waren allerdings in der Überzahl, in einer eingeschränkten motorisierten Welt.

Ich hatte etwa eineinhalb Kilometer Fußmarsch vor mir. Zunächst die Bahnhofstraße entlang, und dann scharf nach links abbiegen in die Ulrichsstraße. Nach 500 Metern war die KONSÜ, die Konsum-Scholadenfabrik, erreicht. Auf der Straße roch es penetrant nach den größten Errungenschaften diesseits des antifaschistischen Schutzwalls, neben Spee, Fit und Pittiplatsch: Schokolade. Hier war er also nun. Der Ort, an dem die Karies geboren wurde und ihren Siegeszug antrat durch die Milchgebisse unzähliger Kinder und Jugendlicher.

Als ich das Pförtnerhäuschen betrat, warteten schon einige Gleichaltrige auf den Lehrausbilder. Aber Moment – das waren ja nur Mädchen! Sabine, Myrna, Miriam, Kerstin und Andrea blickten mich erwartungsvoll an, während sich meine Gesichtsfarbe der hiesigen Gesellschaftsordnung anpasste. Rot kam immer gut.

Herr Molenda hatte wohl noch schnell seinen Frühstücks-Rondo hinuntergeschlungen, als er eiligen Schrittes auf das Pförtnerhäuschen zukam. Mit einem freundlichen, aber auch etwas autoritären Ton, begrüßte er die nächsten jungen Frauen und Männer – in diesem Fall Mann – die er zu wertvollen Mitgliedern von Staat, Partei und Schokoladenproduktion schmieden sollte. Wie Entenküken ihrer Mutter folgten wir unserem Meister in die Lehrwerkstatt, die etwas abgelegen in einer Baracke untergebracht war. Wir setzten uns und warteten gespannt darauf, was uns Herr Molenda zu sagen hatte. Dass wir allerdings eine ganze Woche in der Werkstatt verbringen sollten, hatten wir nicht erwartet. Und so musste meine tatkräftige Unterstützung für unser sozialistisches Vaterland noch eine ganze Weile warten.

Stattdessen beschäftigten wir uns mit allen organisatorischen Fragen, deren Antworten uns den Einstieg in die Arbeitswelt erleichtern sollten, unterschrieben unsere Lehrverträge, schauten uns im Betrieb um, blickten in die abgearbeiteten Gesichter der Proletarier und lauschten gespannt den weisen Worten unseres Ausbilders.
Ich fühlte mich wohl in der Rolle des Hahns im Korb, auch, wenn nicht alle meine Mitstreiterinnen in mein Beuteschema passten. Ich war 17, solo und durfte wieder nach potenziellen Bewerberinnen für den Ehestand Ausschau halten. Christine hatte ich noch lange nicht vergessen. Aber war mein Herz auch angebrochen, zerbrochen war es nicht.

In irgendeiner Frühstücks- oder Mittagspause fingen wir an, über unser Leben zu plaudern. Dabei entpuppte sich Sabine als Kennerin der Süßwarenszene. Ihre Mutter arbeitete in der Bonbonkocherei, während sich ihre Tochter in den Ferien schon die eine oder andere Ostmark dazuverdient hatte. Sabine war mit den Produktionsabläufen vertraut wie kein anderer von uns. Sie stand schon auf der zweiten Stufe einer nicht enden wollenden Karriereleiter.
Die anderen führten ein weniger aufregendes Leben. Eine von uns hatte ein Verhältnis mit einem verheirateten Mann, eine andere Eltern, die nur selten eine Oper oder Operette im

Theater der Altmark oder im Fernsehen verpassten, eine dritte grinste nur die ganze Zeit, während sie mich mit großen Augen und wenig Hirn anschmachtete. Mal abgesehen davon, dass sie nicht mein Typ war, war mein Herz noch reserviert. Die stille Hoffnung auf ein Wunder hatte ich schließlich noch nicht nicht aufgegeben.

Die erste Woche war überstanden. Wir freuten uns auf das Wochenende und auf den Sonntagabend. Dann nämlich sollte es zum ersten Mal nach Delitzsch gehen, wo uns die Theorie der Schokoladenherstellung vermittelt werden sollte.
Als der Zug auf dem Bahnhof einrollte, und wir uns auf dem Weg zum Internat in der kleinen sächsischen Kreisstadt machten, traute ich weder meinen Augen noch meinen Sinnen. Da war, inmitten der Teenagermassen, ja nicht ein männliches Exemplar der Gattung Schokolademsis rührindes zu entdecken. Ich freute mich diebisch darauf, mein Zimmer mit zwei oder drei Mädchen teilen zu müssen – und wähnte mich im Paradies. Dass es dann doch anders kam, hat meine Einstellung zu Zickenkriegen grundlegend geändert.

Stattdessen wurden Mario und Uwe, beide aus dem VEB Elbflorenz Dresden, meine Zimmergenossen. Wir freundeten uns schnell an, und staunten darüber, welche Leckereien in der Süßwarenindustrie umherliefen.
Uwe hatte sich gleich in meine Tangermünder Kollegin Myrna verliebt. Und ich hatte etwas am Laufen mit Annett, einer schmucken Brünetten, die ebenfalls dem Tal der Ahnungslosen entstammte. Nur Mario guckte in die Röhre. Obwohl er ja nicht gerade hässlich war, flirtete bis auf unsere Nachtwache Frau Eichhorn, die schon jenseits der 60 war, kein weibliches

Wesen ernsthaft mit dem Blondschopf. Myrna und Uwe blieben fast die gesamte Lehrzeit über ein Paar, während mich Annett ziemlich schnell in den Wind schoss. Sie hatte sich offenbar mehr erhofft, als ein paar Kuschelstunden. Schon nach zwei Wochen beschlossen wir, getrennte emotionale Wege zu gehen.

Nachdem wir unsere Schule in Augenschein genommen, unsere Lehrer mit Fragen gelöchert, die Delitzscher Schokoladenfabrik besichtigt und uns mit Süßigkeiten eingedeckt hatten, war die erste Woche in der Fremde geschafft. Am späten Nachmittag kamen wir in Stendal an, trauerten unseren Liebschaften nach und konnten das Leben als Werktätige kaum erwarten. Die Zeit drängte auch, schließlich war Kalter Krieg, und die beiden Blöcke ließen nichts unversucht, mit den Muskeln zu spielen. Aber unsere Staatsführung hatte eine weltweit wohl einmalige Schutzvorkehrung getroffen, um uns den Atomtod zu ersparen. „Mein Arbeitsplatz ist mein Kampfplatz für den Frieden", hieß es auf großen Plakaten, die, öffentlichkeitswirksam angebracht, immer wieder daran erinnern sollten, dass wir es selbst in der Hand haben würden, einen dritten Weltkrieg zu verhindern. Das spornte natürlich an, während sich Regimegegner jeden Tag aufs neue übergeben mussten. Wir Lehrlinge wollten so schnell wie möglich unseren Kampfplatz einnehmen – und brannten darauf, unsere erste Friedens-Schokolade zu produzieren. Zunächst aber mussten wir noch Kisten für Nicaragua packen – eine Solidaritätssendung für das kleine mittelamerikanische Land, in dem gerade ein weiterer Puzzlestein der Weltrevolution hinzugefügt wurde. Die Tangermünder Leckereien füllten einen ganzen Güterzug.

Sabine und Myrna wurden in der Bonbonkocherei eingesetzt, in der unter anderem Zuckererzeugnisse für den Kölner Karneval hergestellt wurden. Miriam und ich arbeiteten in der Schokoladenmasseherstellung, unter den gestrengen Augen unserer Meisterin, Frau Seiler, später Frau Franiel. Auch in unserer Abteilung wurde für den Westen produziert – die Füllung der Milki-Way-Riegel stammte aus Tangermünde. Einmal kam eine ganze Fuhre wieder zurück, weil der Puderzucker durch zu schnelles Mahlen so hart geworden war, dass man die Füllung westlich der Elbe überhaupt nicht aus den Tüten bekam.

Während ich nun jeden Tag meinen Beitrag für den Weltfrieden leistete, hatte sich mein Freund Bodo unsterblich verliebt. Ausgerechnet in meine Kollegin Miriam, der er irgendwo mal über den Weg gelaufen war. Sie war ja auch ein Hingucker mit ihrer zierlichen Figur und ihren langen roten Haaren. Umso mehr wunderten wir uns, dass sie sich auf eine Laison mit Bodo eingelassen hatte, der zwar bei Federvieh hin und wieder zum Zug kam, für den aber hübsche Frauen genauso unerreichbar waren wie der Westen für den gelernten DDR-Bürger. Er war sich der Attraktivität seiner Partnerin wohl bewusst, und wurde jeden Tag eifersüchtiger. Irgendwann war das Maß voll, und Miriam beendete die Beziehung. Bodo war natürlich am Boden zerstört und sponn die wildesten Rachephantasien. So wollte er Miriam auflauern, bewaffnet mit einer Schere, und ihr die Haare abschneiden. Spätestens jetzt zweifelte ich an Bodos Geisteszustand. Erst recht, als er mit einer Frau anbandelte, die mindestens doppelt so alt war wie er, nur um seinen Überschuss an männlichen Fortpflanzungsbeigaben loszuwerden.

Lehrjahre sind keine Herrenjahre. Diese Lebensweisheit haben sich Generationen Halbstarker anhören müssen. Da bildete ich natürlich keine Ausnahme. Als ich einmal zu Haue mein Arbeitsleid klagte, hatte ich den letzten Satz noch nicht einmal zu Ende gesprochen, gab Mama die Herrenjahre zum Besten. Andererseits hatte ich gar keinen Grund, mich zu beklagen. Ich hatte nette Kollegen, in meiner Abteilung arbeiteten einige Gleichaltrige und ich lernte jeden Tag aufs Neue, dass Schokolade essen viel einfacher ist, als sie herzustellen.

Einige Arbeitsplätze in unserer Abteilung waren von den Altvorderen besetzt, die ihre Zeit bis zur Rente mehr oder weniger sinnvoll absaßen. Gerhard Lepsy zum Beispiel. Der Mann mit den unerhörten O-Beinen saß den lieben langen Tag auf seinem Stuhl, überwachte den „Conti-Kneter", eine hochtechnologische Misch-Masch-Maschine – und nickte immer wieder ein. Stunde um Stunde auf irgendwelche Anzeigen zu starren, das hält der härteste Facharbeiter nicht aus. Aber wenn mal ein Lämpchen ausfiel, oder die Frauen an den Walzen lautstark „Stau" riefen, dann war Lepsy hellwach und wackelte zum Orte des Malheurs. Und mit ein paar Handgriffen stellte er den störungsfreien Produktionsablauf wieder her. Er war eben ein Genie – auf seine Art.

Die Beaufsichtigung der Conchen war ebenfalls ein Arbeitsplatz, an den man nur mit Erbschein herankam. Alfred, Schmidti und Otto mussten nichts weiter tun, als die drei riesigen Bottiche, in denen die Schokoladenmasse pausenlos gerührt wurde, nicht aus den Augen zu lassen. Wenn sie morgens ihre Feierabenderlebnisse vom Vortag ausgetauscht hatten, erstarrten sie entweder zu Arbeiterdenkmalen, oder verschwanden heimlich still und leise, im Schleichschritt vorbei an der Meisterbude, in den Waschraum. Dort wurde sich erst einmal rasiert, schließlich wächst der Bart ja auch während der Arbeitszeit.

Die Kakaomühle dagegen war Renates Reich. Sie war stellvertretende Meisterin, hatte eine harte Schale, aber einen weichen Kern. Renate war eine Gerechtigkeitsfanatikerin. Hatte jemand mal Mist gebaut, sagte sie ihm das auch deutlich, machte jemand einmal positiv von sich Reden, fiel es ihr ebenso leicht, ihn zu loben. An mir, als einzigen Lehrling der Abteilung, hatte sie offenar einen Narren gefressen. „Also, du bist der erste Lehrling, der die Rösterei selbstständig, und ohne Hilfe gefahren hat", sagte sie einmal zu mir, nachdem der Röstereichef Herr Kaus seinen Genesungsurlaub, mit einem Finger weniger an der Hand, beendet hatte.

Im Laufe der nächsten beiden Jahre tauchten immer wieder neue Gesichter in der Abteilung auf. Uwe, dessen Traum es war, in Jugendklubs und bei Betriebsfeiern aufzulegen, Ingo, der den Arbeitsplatz von den staatlichen Organen zugewiesen bekam, nachdem er eine Weile gesiebte Luft wegen versuchter Republikflucht geatmet hatte, und Peter, der Bäckerbursche, der sich jetzt an Schokolade versuchen wollte. Als letzter stieß Bernd zu unserer Jugendbrigade, dessen zweite Heimat die Zuckermühle werden sollte.

Ganz unten in der Hierarchie aber stand „Lizzy", wie die Putzfrau unserer Abteilung von Ingo liebevoll genannt wurde. Nach einer Weile kannte niemand mehr ihren bürgerlichen Namen, so sehr war die Bezeichnung Lizzy ihr auf den Leib geschnitten. Lizzy war tagein, tagaus, Stunde um Stunde mit

Eimer, Schrubber und Scheuerlappen auf der Suche nach den frischesten Spuren menschlicher Schokoladenpannen, um sie dann fachgerecht zu beseitigen. Aber wehe dem, den sie auf frischer Tat erwischte! Da kam es schon mal vor, dass Lizzy so empört über derart viel Dreistigkeit und Tolpatschigkeit war, dass nur der Glück hatte, der dem fliegenden Scheuerlappen rechtzeitig ausweichen konnte.

Wir Jugendlichen – mit Ausnahme unserer Wischlappengouvernante – mussten uns meist mit den niederen Arbeiten begnügen. Sorbit (Diabetikerschokoladenmasse) herstellen, riesige Kabaobutterblöcke aus der Plasikfolie pulen, die Röstanlage mit Kakaobohnen auffüllen oder stundenlang monoton, mit einem Spachtel bewaffnet, verhindern, dass sich die gewalzte Schokoladenmasse auf dem Fließband, das zu den Conchen führte, staut. War das mal der Fall, gab es eine riesengroße Sauerei, der nicht einmal Lizzy Herr wurde. Stattdessen wurde mit Handfeger und Kehrblech die Konsum-Ordnung wieder hergestellt. Es spielte auch keine Rolle, ob ein wenig Staub oder anderer Unrat, den unsere Lizzy übersehen hatte, mit in den Conchen landete. „Das verliert sich", pflegte Alfred in solchen Fällen zu sagen.

Von allen gefürchtet war die Zuckermühle. Zum einen, weil Zuckerstaub explosiv ist und zum anderen, weil dieses Meisterwerk sozialistischer Ingenieurskunst beim Hochfahren so viel Lärm erzeugte, dass man Angst bekam, die Fabrik würde einem um die Ohren fliegen. Außerdem wollten wir, die wir um die 20 waren, noch nicht so früh mit einer Staublunge herumlaufen.

Der Meister in der Zuckermühlen-Drückebergerei war Peter. War er entsprechend eingeteilt, konsultierte er erst einmal einen Allgemeinmediziner, der ihm ein Attest ausstellte, das bescheinigte, er könne sich auf keinen Fall Zuckerstaub aussetzen. Uwe, Ingo, Bernd und ich mussten die süße Suppe dann ausbaden. Da half es auch nichts, unauffällig die Abteilung zu verlassen und den Raucherraum anzusteuern. Die Meisterin wusste, was zu tun war. Sie riss die Tür auf zur Lounge des blauen Dunstes und zeigte auf einen von uns. Der senkte den Kopf, stand auf und trottete der Chefin hinterher. Sowas hatten die bestimmt in der Meisterschule gelernt.

Von irgendwoher musste der Zucker, der zu Puderzucker gemahlen und schließlich mit anderen Zutaten zur Milkywayfüllung verarbeitet wurde, herkommen. Zwei Etagen über der Abteilung befand sich die Zuckerschütterei, ein Arbeitsplatz, den man auch nur erben konnte. Hin und wieder mal einen 75-Kilo-Sack des süßen Goldes in einen Silo zu schütten, von dem der Zucker bis in die Abteilung rieselte, war noch entspannender als die Aufsicht an den Conchen. Hier war es geradezu erholsam, für den Weltfrieden zu kämpfen. Nur war dieser Arbeitsplatz schon von einem Regimegegner besetzt.

Dünne Arme, dünne Beine und in der Gesamtstatur eine halbe Portion, hatte er seinen Restverstand dem Teufel Alkohol verschrieben. War ja auch relativ einfach, einen kleinen Flachmann zwischen den Säcken zu verstecken. Dass er mit dem planmäßigen Aufbau des Sozialismus nichts am Hut hatte, machte er mir einmal in der Kantine deutlich. In meinem jugendlichen Leichtsinn hatte ich ahnungslos behauptet, dass das Gesundheitswesen im Sozialismus doch viel menschlicher sei als im Kapitalismus. Gerade als ich meinen Gedanken zum Besten gegeben hatte, spürte ich seine flache Hand in meinem Gesicht, fiel vom Stuhl und legte eine unfreiwillige Rutschpartie in der Kantine hin. Applaus für meine Vorstellung gab es keinen. Ich stand auf, trabte davon und setzte meinen Kampf für den Weltfrieden fort. Später hat sich Kabelblitz – so nannten wir unseren Regimegegner – entschuldigt. Dabei entdeckte ich auch eine menschliche Seite an ihm: Brachte man ihn nicht in Rage, konnte man wunderbar mit ihm diskutieren.

Frau Gröning, die rechte Hand der Meisterin und schon hart an der Rentengrenze, demonstrierte uns jeden Tag, was Planwirtschaft bedeutet – zumindest bei der Produktion von Fettglasur. In einer Ecke der Abteilung war eine kleine Tafel angebracht, auf der sie die Produktionsergebnisse des Vortags verkündete. Dann geschah immer das selbe: Bis zum 5. eines Monats lag man noch im Plan, danach ging es stetig bergab. Bis zum Monatsende hatte sich ein Minus von mehreren hundert Tonnen angesammelt, ohne dass irgendeine Reaktion der Betriebsführung oder gar der Horch und Guck AG erfolgte. Witterten die Jungs mit den langen Ledermänteln doch, genetisch bedingt, ständig Konterrevolution, konnte das akute Plandefizit weder mit Sabotage noch mit irgendeiner anderen Feindursache erklärt werden.

Dass die Schere zwischen Planung und Realität immer weiter auseinanderklaffte, hatte mehrere Gründe. Zum einen waren die Maschinen hoffnungslos veraltet, stammten teilweise noch aus der Weimarer Republik. Zum anderen waren die monatlichen Vorgaben dermaßen irreal, dass es einfach unmöglich war, sie einzuhalten beziehungsweise zu überbieten. Jedenfalls nicht länger als fünf Tage.

Die beiden Lehrjahre vergingen wie im Flug – und ehe wir uns versehen hatten, standen wir an der Schwelle zum Facharbeiter. In meiner praktischen Prüfung, die ich mit Bravour meisterte, musste ich Sorbit herstellen und die Masse anschließend walzen. Herr Molenda war mächtig stolz auf mich, hatte ich ihm doch in den zurückliegenden zwei Jahren so manchen sorgenvollen Arbeitstag beschert. Mama hatte später gesagt, dass sie jeden Freitag auf einen Anruf von Herrn Molenda gewartet hatte, um zu erfahren, welchen Unsinn ihr Erstgeborener in der Berufsschule und im Internat in Delitzsch wieder angestellt hatte. Dabei hatten wir doch gar kein Telefon. Aber vielleicht rief Herr Molenda ja auch bei unserem Hausvertrauensmann an, der unser Flurnachbar war.

Weitaus schwieriger als die Praxis gestaltete sich die Theorie. Während meine Lehrlingskolleginnen, allen voran Sabine, fundierte Antworten auf die staatlich gestellten Fragen gaben, hatte ich arge Probleme. So musste ich die Sportprüfung einmal wiederholen, weil ich zum angesetzten Prüfungstermin weder Turnschuhe noch -hose und -hemd dabei hatte. Obwohl ich inzwischen mit einer Raucherlunge herumlief, habe ich die Prüfung im zweiten Anlauf aber locker geschafft.

Nicht so locker war die Prüfung in der Kategorie „Technische Grundlagenfächer". Eine fünf in der ersten Prüfung waren der Beleg, dass mich das Faulheitssyndrom wieder völlig vereinnahmt hatte. Auch bei der Wiederholung kam ich über ein „Ungenügend" nicht hinaus. Unzureichendes technisches

Verständnis und tausend Sachen im Kopf, aber nicht die Schule, brachten mich fast um den Lohn meiner bravourös bestandenen praktischen Prüfung. Zwei Monate musste ich warten, bis ich zum dritten und letzten Versuch zugelassen wurde. Ich gab alles, schließlich stand ein erfolgreicher Abschluss der Ausbildung auf dem Spiel. Tonnenweise sind mir die Steine vom Herzen gefallen, als mir unser Klassenlehrer mitteilte, dass ich diesmal eine drei geschafft hatte. Ende gut, alles gut. Als ich am nächsten Morgen kurz vor sechs freudestrahlend und mit der bekannten Rasierklingen-Armhaltung zum Schichtbeginn auftauchte, musste ich noch nie so viel weibliche Hände schütteln wie an diesem Tag.

Teil XX

Ich war inzwischen 19, volljährig, und wandelte immer noch auf Freiersfüßen. Heike, Christine und Kuschel-Anett waren Kapitel der Vergangenheit. Barbara, die ich im Bierkeller kennengelernt hatte, wollte auch nichts mehr von mir wissen, sodass mir nichts weiter übrig blieb, als die Sinne der Weiblichkeit mit meiner wehenden Lockenpracht zu vernebeln. Bei Beate gelang mir das. Sie war Barbaras beste Freundin – und irgendwann, nachdem Barbara und ich uns nichts weiter als „Ein schönes Leben noch" zu sagen hatten, sprang der Funke der Leidenschaft über. Meine neue Angebetete hatte zwar keine Traummaße, dafür aber ein niedliches Gesicht und einen Charakter, der mit meinen kranken Gedanken völlig kompatibel war. Beates Eltern waren Vorzeigegenossen, die an den Sieg des Sozialismus ebenso glaubten wie an die Jungfräulichkeit ihrer Tochter. Zumindest bis Beate eines Tages bemerkte, dass sie überfällig sei. Da glaubten sie nur noch an den Sieg des Sozialismus. Nachdem der Gynäkologe nur eine hormonelle Störung attestiert hatte, war Beates Mama erst einmal beruhigt. Und ich wurde als pozentieller Schwiegersohn feierlich in den Kreis der Familie aufgenommen.

Dort herrschten gesittete Verhältnisse. Obwohl Beates Mama und Papa berufstätig waren, blitzte es bei der Familie, dass man getrost vom Fußboden essen konnte. Nur eins gab es nicht: Westfernsehen. Welch konterrevolutionären Einfluss die imperialistischen Massenmedien auf die fortschrittlichen Arbeiter und Bauern ausübten, davon konnte sich der geschulte Klassenkämpfer jeden Montag, um 21.45 Uhr überzeugen, wenn Karl-Eduard von Schnitzler kübelweise propagandistischen Schmutz über die entsetzten Arbeiterhäupte schüttete. Der schwarzmalerische Kanal war Pflichtprogramm bei den überzeugten Klassenkämpfern.

Beates Oma wohnte im Block gegenüber, zusammen mit ihrer Schwester. Wenn Beate und ich Westfernsehen gucken wollten, waren die Rentnerinnen unsere erste Anlaufstelle. Und die beiden freuten sich jedesmal aufs Neue, wenn ihr trister Alltag einmal von jugendlicher Unbeschwertheit durchbrochen wurde. Wir waren wie ein Frühlingswind, der den Mief des Lebensherbstes aus den Zimmern fegte.

Beate und ich waren ungefähr ein halbes Jahr ein Paar. Nachdem wir uns einmal so gestritten hatten, dass unsere Meinungsverschiedenheit von nichts und niemandem gekittet werden konnte, herrschte erst einmal Funkstille. Und aus der Funkstille wurde Totenstille. Ich mied Beates Wohnung wie der Teufel das Weihwasser und auch zur Oma brach ich den Kontakt ab. Ungefähr zwei Jahre später waren wir noch einmal kurz zusammen, aber das Aufflammen der alten Liebe war nicht von langer Dauer.

Jedesmal, wenn sich ein weibliches Wesen zu mir und meiner Lockenpracht hingezogen fühlte, dachte ich, es sei für die Ewigkeit. Doch die Suche nach einer zukünftigen Braut fing jedesmal von vorn an. In dem Alter ist die Auswahl noch groß.

Nach Beate genoss ich erst einmal die Freiheit, die zwar nicht grenzenlos war, in ihrer Beschränktheit aber unserem jugendlichen Leichtsinn freien Lauf ließ. Inzwischen hatte ich in der Schokoladenfabrik gekündigt und beim VEB Sportstättenbetrieb Stendal angeheuert – als Hallenwart an einem der geschichtsträchtigsten Orte der Altmark. In der Sporthalle an der Haferbreite, die Anfang des 20. Jahrhunderts als Viehauktionshalle errichtet worden war, hatte 55 Jahre vor meinem Dienstantritt einer der größten Verbrecher der Menschheitsgeschichte, Adolf Hitler, eine flammende Rede gehalten. Der Demagoge aus Österreich hatte es wunderbar verstanden, auch die Stendaler in seinen Bann zu ziehen, denn 1932 lag die Weimarer Republik bereits auf dem politischen Sterbebett.

Mama und Papa hatten die Sporthalle noch aus ihren frühen sozialistischen Tagen in Erinnerung. Besonders die spannenden Boxkämpfe, neben Eiskunstlauf Mamas einzige sportliche Leidenschaft. Für mich war die Halle die Erinnerung an die 3000-Meter-Kreismeisterschaften einige Jahre zuvor, bei denen ich mich nicht gerade verausgabt hatte.

Der Wechsel in die Sporthalle war auch eine Art Familienzusammenführung, denn meine Tante, der ich als Baby meine erste Bekanntschaft mit dem Straßenpflaster zu verdanken hatte, wischte, scheuerte, fegte und putzte, was der Wischeimer hergab. Sie verstand sich besonders gut mit Nobby, einem großen Blender mit kleiner Statur. Nobbys Mutter war ebenfalls dem Scheuerlappenkommando unterstellt, wobei sie derart ausladende Hüften hatte, dass sie nicht überholt werden konnte. Wenn Nobbys Mutter durch die Halle stapfte, erzitterte das Parkett, wenn meine Tante rief, erstarrte ich zur Salzsäule, und wenn unser Chef, Herr Mewes, auftauchte, war die ganze Meute verschwunden. Einer im

Heizungskeller, einer in der Werkstatt, und die Hygiene-Feen mitsamt ihren Ausrüstungen in der Kegelbahn oder im Kraftraum. Die Kegel mussten ja auch mal geputzt werden, und die Schweißflecken im Kraftraum verschwanden schließlich auch nicht von selbst.

Etwas mehr als ein Jahr tat ich, was Herr Mewes mir aufgetragen hatte. Im Laufe dieser zwölf Monate gab es immer häufiger Differenzen zwischen mir und meinem Chef. Als Konsequenz bat ich um meine Versetzung an das Hölzchen, der die Betriebsführung auch nachkam. So lernte ich nicht nur die Fußballspieler der BSG Lok Stendal kennen, die damals in der DDR-Liga kickten, sondern bekam auch ein Gefühl dafür, worauf es beim Rasenmähen ankommt, dass ein abgekreideter Strafraum auch schon mal eine Delle haben darf, und dass alkoholfreie Getränke ein Machtinstrument der Konterrevolution sind. Bier war unser Frühstück, Bier war unser Mittagessen, Bier war unser Lieblingskollege. Ohne Bier konnte man an diesem Arbeitsplatz nicht für den Frieden kämpfen.

Klaus-Peter, hinter vorgehaltener Hand nur „Tango" genannt, hatte Bier zu seinem allerbesten Freund erklärt. Am Zahltag kehrte Tango regelmäßig in die Stadiongaststätte ein, die sich gegenüber des Hauptplatzes befand, und gab erst einmal mehrere Lokalrunden. Spätestens nach drei Tagen war er blank, und musste die Kollegen anpumpen, damit er sich den Rest des Monats neben seinem Biervorrat auch etwas zu essen leisten konnte. Tango konnte zwar Rasen mähen und Laub harken, mit Geld aber kam er überhaupt nicht klar. Nicht einmal mit Ostmark.

Ich habe mir nie die Mühe gemacht, nachzurechnen, wie viel Millionen Gehirnzellen Tango schon auf dem Gewissen hatte, allein seine Erscheinung sprach Bände. Ungepflegt, muffig riechend und stets glasige Augen waren sein Markenzeichen. Auf der anderen Seite war er hilfsbereit, wie ich kaum jemanden bis dahin kennengelernt hatte. In diesem Punkt hatte Tango eine gewisse Vorbildwirkung, die auf unseren Kollegen Ralf aber nicht abfärbte. Ralf kam grundsätzlich zu spät, sei es zum Dienst oder zu anderen wichtigen Verabredungen. Seine Standardentschuldigung „Die Schranken waren zu" (in der Arneburger Straße – d. Autor) war zwar in der ersten Zeit noch originell, aber als unser Chef Charly Eickmann ihm den Vorschlag unterbreitete, er solle doch mal fünf Minuten früher losfahren, trat auf wundersame Weise ein neuer Fahrplan in Kraft. Und die Schranken schlossen sich just weiterhin in dem Moment, in dem Ralf den Bahnübergang ansteuerte.

Ralf, der überhaupt keinen Alkohol trank, dafür aber drei Päckchen Zigaretten am Tag rauchte, hatte allerlei Flausen im Kopf, sodass er auf der Arbeit nie wirklich bei der Sache war. Einmal befeuerte er die Heizungsanlage derart, dass in den Umkleidekabinen saunaähnliche Zustände herrschten. Und wenn er Wochenenddienst hatte, und den Platz abkreiden sollte, musste man desöfteren rätseln, wo der gegnerische Strafraum begann und darüber staunen, welchen seltsamen Verlauf die Seitenlinien nahmen. Das hatte nichts mit Fußball zu tun, sondern mit gedankenlos triefender Sorglosigkeit.

Charly, der auf dem Areal wohnte, hatte den lieben langen Arbeitstag damit zu tun, zu lenken, zu leiten und zu planen. Und zu trinken. Seit sieben Jahren war er Oberplatzwart,

Kaderchef und BGL-Vorsitzender in Personalunion. Und ehrenamtlicher VP-Helfer. Einmal habe ich Charly wie ein aufgescheuchtes Huhn hin- und herflitzen sehen. Da wusste er gar nicht, was er zuerst machen sollte. Ralf zusammenstauchen, mit Tango anstoßen oder nach dem Russen Ausschau halten, der sich aus dem Staub gemacht, weil ihm offenbar das Heimweh gepackt hatte. In solchen Fällen kannten die staatlichen Organe der Besatzungsmacht und ihrer Waffenbrüder kein Pardon. Nur selten gelang es einem Fahnenflüchtigen der ruhmreichen Sowjetarmee, sich in den Westen abzusetzen. Meist waren die verzweifelten Rotarmisten schnell wieder gefasst und hinter Schloss und Riegel gebracht.

Ein normal sterblicher gelernter DDR-Bürger hatte nie einen Blick hinter die Fassade der Kasernen geworfen, nur treuen Staatsdienern war es vergönnt, die Errungenschaften des Ur-Sozialismus zu begutachten. Im gemeinen Volk erzählte man sich allerdings schaurige Dinge wie Prügel, Folter und Schikanen, die unter dem Deckmantel des roten Sterns vor sich gegangen sein sollen. Wir hatten stets Mitleid mit den einfachen „Muschkoten", wie wir sie nannten. Als Kinder waren wir ganz vernarrt in die Abzeichen, die die Rotarmisten offenbar in Hülle und Fülle besaßen. Nur selten lehnten die als kinderlieb geltenden Sowjets die Bitte „Kamerad, Emblem?" ab. Weitergehende Kontakte zwischen Rotarmisten und Einheimischen waren eher selten – und von sowjetischer Seite auch nicht gern gesehen.

Ebenfalls nicht gern gesehen waren die Offiziersfrauen, die stets als erste darüber informiert waren, wo es wieder Bananen gab. Für sie galten auch keine Abgabebeschränkungen. Wenn man Pech hatte, und ganz hinten in der Schlange stand, kam es nicht selten vor, dass die unter akutem Bananendefizit leidenden Ostdeutschen leer ausgingen, während sich die meist beleibten Offiziersgattinnen über ihre Südfrüchteschnäppchen freuten. Vermuteten wir jedenfalls, denn verstanden haben wir nur einige Bruchstücke der Sprache des großen Bruders.

Manchmal bildete sich vor einem Geschäft eine lange Schlange. Obwohl der Grund von außen nicht erkennbar war, reihte man sich einfach ein. Es könnte ja etwas Besonderes geben. Erblickte man an vorderster Konsumfront Offiziersfrauen, waren ganz sicher Südfrüchte im Angebot.

Gelebt haben wir trotzdem, auch wenn uns ein Bananenglücksfall aus der Volksrepublik Angola oder eine Apfelsinenschwemme aus der Sozialistischen Republik Kuba immer seltener heimsuchten. Wir flüchteten uns nicht in den Alkohol, wir genossen ihn. Und stießen auf die im sozialistischen Lager an, denen es vergleichsweise nicht so gut ging wie uns.

Teil XXI

Inzwischen war die Zeit wieder reif für die Suche nach einer Gefährtin. Der Doktor und ich standen jeden Sonnabend beim ollen Heiser in der Weinbergstraße auf der Matte – als Mitbringsel hatten wir stets eine Flasche Weinbrand, Korn oder den Kräutertod „Magdeburger Reiter" dabei. Horst, der mit des Doktors Mama liiert war, freute sich jedesmal, wenn die Halbstarken für Nachschub an Hochprozentigem sorgten.

Die Zeremonie, die wir abhielten, war stets dieselbe. Gegen 17 Uhr trafen wir bei Horst ein, wo des Doktors Mama uns zwar freudig begrüßte, als sie den Alkohol bemerkte, dann aber doch mahnende Worte fand. Und wenn Anna einmal in Redefluss geraten war, war ein Ende nicht abzusehen. Wir schafften es aber jedesmal, sie davon zu überzegen, dass eine Flasche Schnaps für drei Mann doch nicht viel sei, woraufhin sich Anna immer in die angrenzende Küche verzog und gute Miene zum bösen Promillespiel machte. Nachdem wir uns den Höhepunkten der Fußball-Oberliga und der Bundesliga zugewandt und vor lauter Fachsimpelei fast die Zeit vergessen hatten, machten wir uns stets auf ins nahe gelegene Jugendklubhaus am Platz der Jugend (heute Schützenplatz). Kurz vor 19 Uhr reihten wir uns ein in die Schlange, die die Welt für uns bedeutete. Schlange stehen war für uns weder neu noch ärgerlich, wir waren schließlich gelernte DDR-Bürger und sind damit groß geworden. Und die Erfahrung hatte uns gelehrt: Dort, wo es eine sozialistische Wartegemeinschaft gab, musste etwas Ungewöhnliches vor sich gehen.

Es dauerte eine Weile, bis uns Frau Schachschal, die uns stets einen symbolischen Obolus für den Eintritt abnahm, als Stammkundschaft akzeptierte. Von da an waren wir mit Frau Schachschal fast schon per du, obwohl sie aus unserer Sicht bereits steinalt war. Auch sie hatte sich eine gewisse Routine angeeignet. Ob Sommer, ob Winter, ob Hitze, ob sibirische Kälte – Frau Schachschal saß jedesmal auf einem Stuhl, hinter einem Tisch, hatte alles ausgeblendet, was um sie herum geschah und konzentrierte sich nur auf das Kassieren der Eintrittsgelder. Dabei brachte sie Jugendlichen und Heranwachsenden den Respekt entgegen, den sie verdienten. Sie nervte weder mit Lebensweisheiten, noch machte sie sich jemals über jemanden lustig. Nur ein Lächeln kam sehr selten über ihre Lippen.

War man vorn in der Schlange angelangt, und hatte das Einlassprozedere überstanden, galt es erst einmal, einen Sitzplatz zu ergattern, was gar nicht so leicht war. Dann wurden fünf Mark in die Hand genommen, an den Tresen geeilt und eine Trommel Bier geordert. Auch, wenn man zu zweit war, wurde Gerstensaft auf Vorrat erstanden, denn es konnte gut zwei Stunden dauern, bis sich „Obsti", der Kellner, am Tisch blicken ließ und die nächste Bestellung, die dann kurz vor Toreschluss auf den Tisch gestellt wurde, entgegen nahm. Nach ein paar Wochen hatten wir einen ausgeklügelten Plan entworfen, der uns regelmäßig Hochprozentiges garantierte, ohne dem Bedienpersonal hoffnungslos ausgeliefert zu sein: Wir deponierten eine Flasche Schnaps auf dem angrenzenden Stadtwall, schlichen alle 20 Minuten an Frau Schachschal vorbei, nahmen einen kräftigen Schluck und kehrten promilleschwanger in den Tempel der einsamen Herzen zurück. Die gute Frau Schachschal hatte nie herausgefunden, wie es uns gelungen war, immer betrunkener zu werden, obwohl sich auf den langen Tischen, die rings um die Tanzfläche aufgestellt waren, ein oder höchstens zwei Bier verloren. Natürlich nur dort, wo wir saßen. Hätte Frau Schachschal unser Geheimnis gelüftet, wären wir wohl nicht mit weniger als einem lebenslangen Hausverbot davon gekommen. Aber der Doktor und ich, sowie ausgewählte Mitwisser, kannten den Wert unserer Feuerwasserquelle. Und die sollte möglichst niemals versiegen. Was sie auch nicht tat.

Ich war inzwischen fast 21, der Freiheit überdrüssig, nach Zärtlichkeit und Liebe sehnend. Das Klubhaus war der ideale Ort, ein nettes Mädchen kennenzulernen. Der Doktor und ich waren nicht gerade Gipfelstürmer in den Singlecharts der Jünglinge, die um eine Braut warben. Und so mussten wir uns doppelt ins Zeug legen. Des Doktors Pfand waren seine breiten Schultern, meins meine Lockenpracht. In den meisten Fällen mussten wir nach Disco-Ende mit dem letzten Linienbus allein gen Heimat aufbrechen. Nur ganz selten gelang es mir, ein Mädchen zumindest nach Hause zu bringen, dabei den sternenklaren Himmel zu bewundern und Komplimente herunterzurasseln, dass sie mich nie wieder sehen wollte. Einmal wachte ich neben einem 100-Kilo-Mädchen auf, zog mich an und schlich von dannen. Wir haben uns nie wieder gesehen.

Der Doktor hatte noch weniger Erfolg. Ganz zu schweigen von Bodo, der sich, wenn es hieß: „Wir gehen ins Klubhaus" herausputzte wie ein Kanarienvogel nach der Mauser. Akkurater Scheitel, schwungvoller Gang, Hände und sonstige sichtbare Körperregionen gereinigt und rasiert, dass sein

Gesicht, wenn es von der Diskokugel angestrahlt wurde, glänzte wie ein rohgeschliffener Diamant, der des Federviehs überdrüssig ward. Aber so sehr sich Bodo auch ins Zeug legte und zuvor den halben Tag vor dem Spiegel zugebracht hatte – es gelang ihm nie, die Spuren der Natur völlig zu verwischen. Jedesmal, wenn Bodo ein Mädchen zum Tanz aufforderte, drehte es sich demonstrativ weg. Mit der Zeit waren wir im Klubhaus nicht nur bekannt wie die bunten Hunde, sondern als die größten Körbesammler aller Zeiten.

Der Sonnabend im Mai 1988 sollte wie kein anderer zuvor oder danach werden. Er begann ganz normal: Olle Heiser, Fußball, Frau Schachschal, Schnapsflasche, trinken. Plötzlich entdeckte ich drei Mädchen, die an einem kleinen Tisch in der Ecke saßen, und die ich schon aus Sporthallenzeiten kannte – drei Keglerinnen, alle um die 16, und alle passten in mein Beuteschema. Allerdings waren die Herzen von Katrin und Petra bereits anderweitig vergeben, von Christina wusste ich, dass sie keinen Freund hat. Ich forderte sie zum Tanzen auf, wir legten eine flotte Sohle aufs Parkett, während sich der Doktor und Bodo zusammentaten, um sich als Duo mehr Erfolg bei der holden Weiblichkeit zu erhoffen.

Christina und ich blieben den ganzen Abend zusammen, schließlich brachte ich sie nach Hause, wo wir vor der Haustür wenigstens eine halbe Stunde lang knutschten. Als die nahegelegene Kirchturmuhr von St. Marien Mitternacht verkündete, ließen wir voneinander ab und verabredeten uns für den nächsten Tag. Bodo hatte unterdessen an der Ecke gewartet, Löcher in die Luft gestarrt und sich fortwährend darüber gewundert, dass eine Verabschiedung so lange dauern kann. Als wir nach Hause gingen, musste ich nicht viel berichten über meine neue Eroberung, er hatte ja alles mitbekommen.

Als Christina und ich zwei Wochen zusammen waren, verwandelte sich der Platz der Jugend wieder in einen Ort der Sünde und Versuchung – das Frühlingsfest stand an. Hand in Hand spazierten wir über den Rummel, staunten über Dinge, die wir entweder aus dem Westfernsehen oder überhaupt nicht kannten. Plötzlich tauchte Christinas Schwester Anke auf. Sie hatte von Muttern den Auftrag bekommen, Tini, wie Christina nur genannt wurde, nach Hause zu holen. Am nächsten Tag war Schule und Christina stand mitten in den Prüfungen. Ich redete mit Engelszungen auf Anke ein, noch ein wenig zu bleiben. Aber sie blieb hart. Als letztes Mittel deutete ich auf den Doktor, worauf Anke entgegnete: „Nee danke, ich habe schon einen Freund." Es dauerte nicht lange, ein oder zwei Tage, da zog es uns erneut auf den Rummel. Und Christina überraschte mich mit einer Nachricht von ihrer Schwester: „Ich soll dir einen schönen Gruß bestellen. Und Anke hat gar keinen Freund." Upps, die Nachricht war so heiß, dass ich mich so schnell wie möglich auf den Weg machte und den Doctor aufsuchte. Der war natürlich perplex, hatte er doch bereits sämtliche Romantikhoffnungen begraben.

Am nächsten Wochenende hatten die Mädels sturmfrei, Mama und Papa waren für ein paar Tage verreist. Nach einem ausgiebigen Bummel durch die kapitalistisch angehauchte Glamourwelt unternahmen wir einen kleinen Abstecher ins Klubhaus, wo uns Christina und Anke zu sich nach Hause einluden. Nach Stunden der Lust und der Leidenschaft machten der Doktor und ich uns wieder auf den Weg. Übernachten war ausgeschlossen, die Eltern der Mädels sollten am nächsten Tag aus dem Kurzurlaub zurückkehren. Im Laufe der folgenden Tage wurde aus Anke und dem Doktor ein Paar – und ich war froh, meinen besten Freund endlich unter die Haube bekommen zu haben.

Ende Juni stand Christinas Abschlussfeier an – im RAW-Kultursaal. Sie hatte die zehnte Klasse mit Bravour bestanden und bereits eine Lehrstelle als Reiseverkehrskauffrau im VEB Kraftverkehr sicher. Entsprechend feierlich gestaltete sich auch der Abend. Ich saß fast die ganze Zeit über mit Christinas Vater an der Bar. Wir ertränkten den Stolz auf unser Mädchen mit Blue Curacao. Irgendwann machte ich mich auf den Heimweg – und kam allerdings nur bis zur Straße der Einheit, als der Doktor und Anke, die zufällig vorbeikamen, mich auflasen und zu meiner Angebeteten brachten. Christinas Mutter erschrak sich fürchterlich über meinen Zustand, legte mich auf die Couch, deckte mich zu – und ich schlief meinen Rausch wenigstens halbwegs aus. Christinas Papa durfte davon natürlich nichts mitbekommen, sodass mich Muttern frühzeitig aus den sprichwörtlichen Federn holte und hinaus komlimentierte. Nach diesem Albtraum im Wachzustand rührte ich erst einmal keinen Alkohol mehr an. Zumindest so lange, bis die nächste Fete auf dem Plan stand. Und die ließ, wie sollte es auch anders sein, natürlich nicht lange auf sich warten.

Auf der Spülinsel in Havelberg fanden wir unser Spirituosen-Paradies. Eine Woche hatten wir auf dem Zeltplatz gebucht, eine Woche ohne Eltern, ohne Geschwister – nur unsere

Mädchen und wir. Jeden Abend saßen wir zusammen, tranken, rauchten und offenbarten unseren besseren Hälften unsere Träume. Eines Abend war Anke so betrunken, dass sie sich einige Male übergeben musste, und angsterfüllt befürchtete, die gerade eingenommene Antibabypille würde ihren Dienst versagen. Sie hat dann jedesmal eine neue eingeworfen, nur um auf Nummer sicher zu gehen. Ein anderes Mal folgte der Doktor Anke aufs Örtchen, setzte sich visavis ihrer Kabine, ließ Wackersteine ins Plumpsklo fallen und machte dabei Geräusche, als wenn sich Eisenspäne ihren Weg durch seinen Darmtrakt bahnen würden. Anke kam zurück, und begann, völlig entsetzt zu berichten: „Stellt euch mal vor. Eben auf dem Klo..." Der Doktor, Christina und ich fingen an zu lachen, da uns Ankes Angebeteter je vorher schon Bericht erstattet hatte, welchen Schabernack er ausgeheckt hatte.

Der Urlaub verging viel zu schnell. Einen Tag, nachdem wir wieder zu Hause waren, startete das Stendaler Pokalturnier. Das Jugendturnier war schon vor paar Jahren abgeschafft worden, mangels Beteiligung. Dafür gab es eine B-Gruppe, in der Spieler der Leistungsklasse zwei und abwärts um die Punkte kämpften. 1988 war es das einzige Mal, dass ich das Turnier, zumindest die B-Gruppe, gewinnen konnte. Was mir als Preis eine Flasche Springer-Urvater aus dem Delikatladen einbrachte.

Nach dem Urlaub merkten Christina und ich schnell, dass wir doch nicht so seelenverwandt sind, wie wir dachten. Ende August kam das Beziehungsaus, wir trennten uns im gegenseitigen Einvernehmen, wie es so schön heißt. Das Ende der Liebe zu Christina war auch das Ende meiner

Klubhausbesuche. Dem Schachschalschen Anbahnungstempel blieb ich fortan fern, denn inzwischen hatte ich mit dem Waldfrieden eine neue Bühne für meine Suche nach der Weiblichkeit fürs Leben gefunden. Da konnte der gemeine Junggeselle sogar auf zwei Sälen nach der Herzensdame Ausschau halten. Ich platzierte mich meistens mit einigen Bekannten, ein paar Mal war Bodo auch dabei, im unteren Bereich, während oben die Popper die neuesten Frisurentipps austauschten und ihre Kleider zur Schau trugen. Und jedes Wochenende gab es eine zuschauerwürdige Prügelei.

Kurz vor Ostern 1989 lernte ich Birgit kennen. Sie war ein paar Jahre älter, lebte von ihrem Mann getrennt – und hatte drei Kinder. Ich hatte auf diesem Gebiet noch keinerlei Erfahrungen gesammelt, sodass Birgit nach ein paar Wochen meinte, ich sei noch zu grün hinter den Ohren. Recht hatte sie.

So schnell wurden wir uns dann aber doch nicht los. Während wir uns im Waldfrieden nie wieder über den Weg liefen, schlug das Schicksal im Sommer zu. Im gerade entstehenden Neubaugebiet Süd bekamen wir zur selben Zeit eine Wohnung zugeteilt – im selben Aufgang. Sie und ihre drei Kurzen im sechsten Stock, ich im fünften. Als wir uns das erste Mal nach ein paar Monaten wiedersahen, offenbarte sie mir, dass sie schwanger sei. Und zwar von mir. Das hatte mir gerade noch gefehlt. Eine Frau, die ständig nervte, und meinte, alles besser zu wissen und vier Kinder – meinen Start ins Familienleben hatte ich mir eigentlich anders vorgestellt. Birgit und ich waren zwar kein Paar mehr, blieben aber noch eine ganze Weile befreundet. Sie trug ja schließlich mein Kind unter ihrem Herzen.

Am 12. Dezember 1989, um 2.22 Uhr endete meine Jugend. Jetzt war ich Papa eines putzigen Kerlchens, dem seine Mutter den Namen Enrico gab. Es war das einzige Mal, dass Birgit meinen Wunsch respektiert hatte. Der Name stand ganz oben auf meiner Liste.

Und vor mir hatte ich noch mein ganzes Leben, wie Mama immer zu sagen pflegte, die ich in einem Ansturm der Lust zur Oma gemacht hatte.